AI와 연구자들, 사례와 방법

AI문고

인공지능 시대입니다. 기계가 인간의 인지를 대신하고, 사물이 인간을 통하지 않고 다른 사물과 직접 커뮤니케이션합니다. 이에 따른 인간 삶과 문명 변화를 정확히 이해·예측·대응하는 것은 이 시대 우리 모두의 과제입니다. AI문고는 인공지능 기술과 환경의 여러 주제를 10가지 키워드로 정리합니다. 관련 개념과 이론, 학계와 산업계의 쟁점, 우리 일상의 변화를 다룹니다. 인간과 기술의 현재, 미래를 세심히 분석합니다.

일러두기

- 인명, 작품명, 저서명, 개념어 등은 한글과 함께 괄호 안에 해당 국가의 원어를 병기했습니다.
- 외래어 표기는 현행 어문규정의 외래어표기법을 따랐습니다. 다만 '딥러닝', '딥마인드', '딥페이크' 등은 관행을 따랐습니다.

처음이세요?

전문가세요?

AI와 연구자들, 사례와 방법

유용균

대한민국, 서울, 커뮤니케이션북스, 2024

AI와 연구자들, 사례와 방법

지은이 유용균
펴낸이 박영률

초판 1쇄 펴낸날 2024년 12월 10일

커뮤니케이션북스(주)
출판 등록 2007년 8월 17일 제313-2007-000166호
02880 서울시 성북구 성북로 5-11
전화(02) 7474 001, 팩스(02) 736 5047
commbooks@commbooks.com
www.commbooks.com

ISBN 979-11-7307-176-8 03500

책값은 뒤표지에 표시되어 있습니다.

차례

인공지능의 역사와 분류

인공지능(AI)의 역사는 컴퓨터 과학의 발전과 함께 시작되었다. 1940년대 후반부터 1950년대에 걸쳐 컴퓨터가 등장하면서, 연구자들은 단기간에 '생각하는 기계'를 만들 수 있다는 착각에 빠져 있었다. 1956년 다트머스 회의에서 '인공지능'이라는 용어가 공식적으로 처음 사용되었다. 이 시기의 연구자들은 단순한 인간 뇌의 구조를 하드웨어로 재현하여 인간의 지능을 모방하는 기계를 만들 수 있다는 낙관적인 전망을 하고 있었다. 이러한 분위기는 1958년 ≪뉴욕타임스≫의 기사 "NEW NAVY DEVICE LEARNS BY DOING; Psychologist Shows Embryo of Computer Designed to Read and Grow Wiser(새로운 해군 장비, 스스로 학습한다; 심리학자가 읽고 더 똑똑해지는 컴퓨터 초기 모델 공개)"에서도 잘 드러난다. 이 기사는 프랭크 로젠블랫(Frank Rosenblatt)의 퍼셉트론(Perceptron)이라는 신경망 모델을 소개하며, 컴퓨터가 학습하고 더 현명해질 수 있다는 가능성을 제시했다.

그러나 1970년대부터 1980년대까지 AI는 '암흑기'를 겪게 된다. 초기의 낙관적 전망과 달리, AI 시스템들은 복잡한 현실 세계의 문제를 해결하는 데 한계를 보였다. 연구 자금이 줄어들고 AI에 대한 회의적인 시각이 퍼지면서 이 분야의 발전은 정체되었다.

1980년대에 들어서면서 전문가 시스템(Expert Systems)이 주목받기 시작했다. 에드워드 파이겐바움(Edward Feigenbaum)과 그의 동료들은 특정 도메인의 전문가 지식을 규칙 기반 시스템으로 구현하는 데 성공했다. 이러한 경험을 바탕으로 1980년대 후반부터 연구자들은 AI의 목표를 더 현실적으로 수정하기 시작했다. 스튜어트 러셀(Stuart Russell)과 피터 노르비그(Peter Norvig)는 AI의 목표를 "환경으로부터 지각을 받아들이고 그 환경에 영향을 미치는 행동을 취하는 지능적 에이전트를 설계하고 구축하는 것"으로 정의하였다. 즉, 현대 AI의 목표는 인간의 지능을 모방하는 것보다는 '합리적으로 동작하는 시스템을 만드는 것'으로 현실적으로 재정의되었다.

1990년대와 2000년대 초반에는 기계학습이 주목받기 시작했다. 블라디미르 바프니크(Vladimir Vapnik)의 서포트 벡터 기계(SVM)와 같은 알고리즘이 개발되었고, 통계적 학습 이론이 발전했다. 동시에 베이지안 네트워크와 같은 확률적 모형화 기법도 발전했다.

2012년 이미지넷(ImageNet) 대회에서 인공신경망 기술을 사용한 알렉스넷(AlexNet)이 압도적인 성능으로 우승을 차지하면서 인공신경망 기술은 '딥러닝'이라는 새로운 이름으로 다시 주목을 받기 시작하였다.

2016년, 구글 딥마인드가 개발한 알파고(AlphaGo)가 세계 최고의 바둑 기사 이세돌을 상대로 승리를 거두면서 AI는 대중의 큰 관심을 받게 되었다. 특히 한국에서는 이 사건을 계기로 AI에 대한 관심과 투자가 급증했다.

이후 AI 기술은 빠르게 진화했다. 2020년에는 오픈AI(OpenAI)의 지피티(GPT)-3가 등장하여 자연어 처리 분야에서 혁신적인 발전을 이루었고, 2022년 말에는 챗지피티(ChatGPT)가 공개되어 대화형 AI의 새로운 시대를 열었다.

2024년 9월 발표된 오픈AI O-1(OpenAI O-1)은 IQ 검사에서 AI 모델 중 최초로 인간 평균 지능을 넘었으며, 2025학년도 대학수학능력시험에서 1등급을 달성했다. 글쓴이는 2022년 과학기술정보통신부 주최 인공지능 그랜드챌린지 5차 대회에 참가해 준우승을 차지했다. 이 대회의 주제는 초등학교 수준의 서술형 수학 문제를 푸는 인공지능을 개발하는 것이었으며, 당시 최고 수준의 인공지능이 50점 정도의 점수를 기록했던 점을 고려하면, 불과 2년 만에 이뤄낸 AI 발전 속도는 많은 인공지능 연구자들의 예상을 뛰어넘고 있다.

AI는 이제 게임이나 언어 처리를 넘어 다양한 과학 분야에서 혁신을 이끌고 있다. 2020년 구글 딥마인드의 알파폴드(AlphaFold)는 단백질 구조 예측 분야에서 획기적인 성과를 거두었다. 이 기술의 개발에 기여한 두 연구자는 분자 구조 예측 분야에 지대한 영향을 미쳐 2024년 노벨화학상을 수상하였다.

천문학 분야에서는 AI가 방대한 양의 우주 데이터를 분석하여 새로운 천체를 발견하고 우주의 구조를 이해하는 데 큰 도움을 주고 있다. 예를 들어, 미국항공우주국(NASA)의 케플러 우주 망원경 데이터를 AI로 분석하여 새로운 외계 행성들을 발견하는 데 성공했다.

기후 과학 분야에서는 AI 모델이 기후 변화 예측의 정확도를 크게 향상했다. 구글의 그래프캐스트(GraphCast)와 같은 AI 모델은 기존의 수치 예보 모델보다 더 빠르고 정확하게 기상을 예측할 수 있게 되었다. 이는 자연재해 대비와 기후 변화 대응 정책 수립에 중요한 역할을 하고 있다.

물리학 분야에서는 AI가 복잡한 양자 시스템을 시뮬

레이션하고 새로운 물질을 설계하는 데 활용되고 있다. 예를 들어, IBM의 연구진은 AI를 활용하여 새로운 분자 구조를 설계하고, 이를 통해 더 효율적인 배터리와 태양 전지를 개발하는 연구를 진행하고 있다.

의료 분야에서는 AI가 의료 영상 분석, 질병 진단, 개인 맞춤형 치료법 개발 등에 광범위하게 활용되고 있다. 특히 코비드(COVID)-19 팬데믹 동안 AI는 바이러스의 유전체 분석, 백신 개발 가속화, 감염 확산 예측 등에 중요한 역할을 했다.

AI 기술이 발전하면서 AI가 단순한 기술적 도구를 넘어, 과학의 근본적인 방법론을 변화시키고 있다. AI는 인간 과학자들이 다루기 어려운 복잡성과 규모의 문제를 해결하며, 새로운 과학적 발견의 속도를 가속화하고 있다.

하지만 학계에서 활발하게 활용되고 있는 AI는 명확하게 그 의미가 정의되지 않고 유행처럼 사용되는 경향이 있어 그 의미를 조금 더 명확하게 분류하고자 한다.

인공지능의 정확한 이해와 연구 활용 방향

인공지능 기술이 다시 주목받고 다양한 분야에 적용되면서, 'AI'라는 용어는 널리 사용되고 있지만, 그 정확한 의

미에 대해서는 여전히 혼란이 있다. 인공지능 분야의 선구자 중 한 명인 닐스 존 닐슨(Nils John Nilsson)은 저서 『인공지능(Artificial Intelligence: A New Synthesis)』에서 인공지능을 다음과 같이 정의했다. "인공지능이란 기계가 지능을 갖도록 만드는 활동을 말하며, 여기서 지능이란 기계가 자신을 둘러싼 세상을 이해하고, 미래를 예측하여 합리적으로 동작하는 것을 의미한다." 닐슨은 AI가 단순한 기술이나 알고리즘의 집합이 아니라, 지능적인 시스템을 만들어 내는 포괄적인 활동으로, AI 시스템을 만드는 과정에는 제어 공학, 전기 공학, 통계학, 언어학, 논리학, 컴퓨터 과학 등 다양한 학문 분야를 아우르는 융합이 중요하다고 강조하였다.

인공지능을 구현하는 알고리즘은 기계학습(Machine Learning), 전문가 시스템, 진화 알고리즘, 퍼지 논리 등 다양하다.

기계학습은 주로 데이터를 활용하여 패턴을 학습하고, 이를 통해 예측 모델을 생성하는 방법론을 포함한다. 예를 들어, 이미지 인식, 음성 인식과 같은 분야에서 기계학습은 방대한 데이터를 통해 학습을 진행하며, 인공신경망 구조를 활용하는 딥러닝(Deep Learning)과 같은 기술이 이러한 기계학습의 핵심적 역할을 한다.

반면, 전문가 시스템은 특정 분야의 전문가 지식과 추론 과정을 모방하여 문제를 해결하는 AI 시스템을 의미한다. 이 시스템은 주로 규칙 기반으로 작동하며, 이를 통해 특정 도메인에서의 복잡한 문제를 해결한다. 예를 들어, 의료 진단에서 전문가 시스템은 의사의 진단 방식을 모방하여 환자의 증상과 과거 병력을 바탕으로 가능한 질병을 추론한다. 금융 자문에서도 전문가 시스템은 금융 전문가의 판단을 모방하여 투자 결정을 지원한다.

기계학습과 전문가 시스템은 모두 AI의 중요한 구성 요소이지만, 접근 방식과 적용 분야에서 차이가 있다. 기계학습은 데이터를 활용하여 모델을 학습하는 반면, 전문가 시스템은 이미 존재하는 지식을 바탕으로 규칙과 논리를 사용하여 문제를 해결한다. 이 둘은 각각의 강점과 한계를 가지고 있으며, AI 시스템의 복잡성과 목저에 따라 적절한 방법을 선택하여 적용해야 한다.

오늘날 딥러닝, 랜덤포레스트(random forest) 등의 기계학습 방법론과 그래픽처리장치(GPU) 등의 하드웨어가 발전하면서 AI 연구의 주류를 이루게 되었고, 이에 따라 기계학습과 AI라는 용어가 거의 동의어처럼 사용되고 있다.

더 나아가 기계학습에서 빅데이터의 중요성이 부각되

면서, AI의 의미는 더욱 확장되어 이제는 시스템을 넘어 넓은 의미에서 데이터를 활용한 문제 해결 방법론 전반을 지칭하는 용어로 사용되고 있다. 이러한 변화로 인해 기계학습의 데이터 모델링 및 최적화 기법이 기계, 원자력, 재료, 화학 등 다양한 분야에 적용되고 있으며, 이러한 시도들은 흔히 'AI 기반~', 'AI 융합~', 'AI-X' 등으로 불리고 있다.

AI를 구현하는 방식은 데이터를 활용해 스스로 학습하는 기계학습과 전문가의 지식을 규칙으로 입력하는 전문가 시스템으로 크게 나눌 수 있다. 하지만 최근 AI라는 용어를 기계학습만을 지칭하는 것처럼 사용하는 경우가 많아졌다. 이는 정확한 표현이 아니며 혼란을 일으킬 수 있다. AI는 시스템을 구성하기 위하여 다양한 분야가 융합된 더 넓은 개념이기 때문이다. 이러한 용어 사용의 부정확성은 AI 기술에 대한 이해가 부족한 일반인, 정책 담당자, 그리고 AI를 자신의 연구에 활용하고자 하는 타 분야 연구자들에게 더 큰 혼란을 줄 수 있다. 따라서 AI라는 용어를 사용할 때는 그 의미와 포함하는 기술 범위를 명확히 할 필요가 있다.

기술적 측면에서는 모든 데이터 분석을 AI로 오인하거나, AI 시스템에 항상 빅데이터가 필요하다고 생각하는 등의 오해가 있을 수 있다. AI의 능력에 대해서도 과대평가나 과소평가가 일어날 수 있는데, 예를 들어 AI가 모든 문제를 해결할 수 있다고 믿거나, 반대로 AI를 단순한 데이터 처리 도구로만 인식하는 경우가 있다.

윤리적, 사회적 측면에서는 AI 시스템의 결정이 항상 객관적이고 편견이 없다고 믿는 오해나, AI가 곧 인간의 지능을 대체할 것이라는 과도한 우려가 생길 수 있다. 정책적으로는 AI 정책을 수립할 때 데이터 관리에만 집중하고 알고리즘의 투명성이나 AI의 윤리적 사용 등 다른 중요한 측면을 간과할 수 있다.

연구 도구로 AI를 데이터 분석 도구로만 인식하여 인지 아키텍처, 상식 추론, 설명 가능한 AI 등 다른 중요한 연구 방향을 놓칠 수 있다. 연구에 AI를 활용하기 전에 기술에 대한 정확한 이해와 올바른 용어 사용, 그리고 AI의 다양한 측면을 고려하는 것이 중요하다.

이 책에서는 연구자가 AI를 활용하는 방법을 아래와 같이 구분하여 설명하고자 한다.

데이터 모델링 도구로서의 AI 활용

데이터 모델링 도구로서의 AI 활용은 기계학습 기법을 통해 데이터의 숨겨진 패턴을 발견하고, 예측 모델을 생성 및 최적화하는 과정을 의미한다. 현재 다양한 학문 분야에서 수학이나 컴퓨터가 문제를 정의하고 해결하는 도구로 활용되듯이 기계학습은 데이터를 활용하는 보편적인 도구로 활용되고 있다. 연구 과정에 '수학'이나 '컴퓨터'를 활용하는 것을 특별히 강조하지 않는 것과 같은 맥락에서, 데이터와 기계학습 활용을 단순히 'AI 활용'이라고 표현하는 것은 학계에서 지양해야 할 방향이다. 그러나 연구자들 사이에서 AI라는 용어를 단순히 연구의 가치를 높이기 위한 유행어처럼 사용하는 경향이 있다. 연구자들은 연구의 본질적인 문제와 그 해결 방법론에 초점을 맞추고, 이를 바탕으로 AI 응용 분야를 보다 세분화하여 구분하는 것이 필요하다.

더욱 중요한 것은, 많은 연구자가 AI 기술의 급속한 발전을 따라가지 못하고 AI 기술의 초기 한계들을 그대로 인식하고 있다는 점이다. 이러한 초기 한계들에는 AI 모델의 의사 결정 과정이 불투명한 '블랙박스' 문제, 대량의 레이블된 데이터 필요성, 예측 결과의 신뢰성 평가 어려움, 편향된 데이터로 인한 모델의 편향성 문제 등이 있다. AI 학계에서는 이러한 한계들을 극복하기 위해 끊임없이 노력하고 있으며, 그 결과 AI 기술은 눈부시게 발전하고 있다.

최근 대규모 데이터로 사전 학습된 이후에, 추가적인 데이터 없이 혹은 적은 데이터로 미세 조정을 하여 다양한 임무를 수행하는 기반(Foundation) 인공지능 모델이 발달하면서 데이터를 활용하는 방법론의 패러다임이 변화하고 있다.

설명 가능한 인공지능(XAI, eXplainable AI) 기술은 AI 모델의 의사 결정 과정을 인간이 이해할 수 있게 만들어 '블랙박스' 문제를 해결하고 있으며, AI 모델의 신뢰성 예측 기술은 모델의 성능을 더욱 정확하게 평가하여 인공지능 모델을 신뢰하고 사용할 수 있게 해 준다.

이러한 맥락에서, 연구자들은 단순히 입력-출력 데이터를 모아 기계학습 모델을 학습시키는 것에 그치지 않고, AI 학계의 최신 연구 성과와 접근 방식을 적극적으로 활용할 필요가 있다. AI를 응용하는 타 분야에서 빠르게 발전하는 AI 트렌드를 따라가는 것은 쉽지 않은 일이다. 따라서 AI 커뮤니티를 통하여 기술의 흐름을 파악하고 AI 전문가들과 적극적으로 소통하는 것이 필요하다.

AI 시스템의 활용

현대 연구 환경에서 AI의 활용 범위는 크게 확장되고 있다. 단순히 데이터를 분석하는 것을 넘어, AI 시스템을 직접 활용하거나 새로운 AI 시스템을 개발하는 방향으로 진화하고 있다. 이는 AI 기술의 발전이 연구자에게 가져온 새로운 패러다임이다.

챗지피티, 지피티(GPT)-4 등의 거대 언어 모델(LLMs, Large Language Models)은 인간 수준의 언어 이해와 생성 능력을 보여 주고 있다. 이러한 모델들은 복잡한 텍스트 정보를 이해하고 처리할 수 있어, 문헌 리뷰, 연구 질문 생성, 실험 설계 제안 등 연구의 여러 단계에서 활용될 수 있다.

또 다양한 종류의 데이터를 처리할 수 있는 다중모달 AI 모델들도 개발되고 있다. 예를 들어 달리(DALL-E)와 같은 모델은 텍스트 설명을 바탕으로 이미지를 생성할 수 있으며, 큐 디벨로퍼(Q Developer)와 같은 모델은 음성을 텍스트로 변환할 수 있다. 이러한 모델들은 시각 자료 생성, 음성 데이터 분석 등 다양한 연구 작업에 활용될 수 있다.

이러한 AI 시스템의 활용은 연구 과정을 가속화하고, 새로운 통찰을 제공하며, 인간의 능력을 보완하는 강력한 도구가 될 수 있다. 그러나 동시에 이러한 도구들의 한계와 잠재적 편향성을 인식하고, 결과를 비판적으로 검토하는 것이 중요하다.

특정 분야를 위한 AI 시스템 구축

본래 AI는 주변 환경에 반응하여 합리적으로 동작하는 시스템을 만드는 학문이다. 따라서 다양한 분야를 위한 AI 시스템을 개발하는 것 역시 AI의 중요한 응용 분야로 구분될 수 있다. 이러한 시스템을 만들기 위해서는 데이터 기반 방법론뿐만 아니라 합리적인 의사 결정을 위한 알고리즘, 그리고 해당 분야의 전문 지식을 결합하는 융합적 접근이 필요하다.

예를 들어, 테슬라의 자율주행 기술은 크게 두 가지 주요 과정으로 나눌 수 있다. 첫째, 여러 카메라와 센서를 이용해 차선을 인식하고 3차원 장애물 지도를 만드는 환경 인식 과정이다. 둘째, 이렇게 인식된 정보를 바탕으로 운전 전략을 결정하는 의사 결정 과정이다. 전자의 도로 상황 인식은 컴퓨터 비전과 딥러닝 기술로 구현되며, 후자의 의사 결정 과정에는 인식된 상황을 바탕으로 다양한 시나리오를 예측하고 최적의 선택을 하는 강화학습과 최적화 기술이 적용된다. 이 과정에서 교통법규, 차량 역학, 안전 규정 등 자동차 및 교통 분야의 전문 지식이 AI 시스템에 통합된다.

이처럼 완전한 AI 시스템을 구축하기 위해서는 기계학습의 데이터 기반 방법론뿐만 아니라 최적화, 추론 엔진, 지식 표현 등 다양한 AI 기술의 융합이 필요하며, 동시에 해당 분야의 전문 지식과 규제, 윤리적 고려 사항 등을 통합적으로 고려해야 한다.

이러한 융합적 접근의 한 예로, 저자는 원자력연구원에서 거대언어모델과 디지털트윈 기술을 결합한 시스템을 개발 중이다. 이 시스템은 운전원과 자연어로 소통하고, 방대한 운전 절차서를 이해하며, 원자로 시뮬레이터(디지털트윈)를 제어하여 효율적이고 안전한 운전을 지원한다. 이 과정에서 자연어 처리, 지식 그래프, 강화학습 등의 AI 기술이 활용되며, 원자력 공학 지식과 안전 규정 등이 시스템에 통합된다.

이러한 특정 분야를 위한 AI 시스템 구축은 단순히 기존 AI 기술을 적용하는 것을 넘어, 해당 분야의 특수성을 고려한 새로운 AI 기술의 개발로 이어질 수 있다. 예를 들어, 불확실성이 높은 환경에서의 의사 결정, 실시간 대응이 필요한 상황에서의 추론, 설명 가능성이 중요한 분야에서의 모델 해석 등은 새로운 AI 연구 주제가 될 수 있다. 따라서 특정 분야의 AI 시스템 구축은 해당 분야의 문제 해결뿐만 아니라 AI 기술 자체의 발전에도 기여할 수 있는 중요한 연구 방향이다.

연구 분야에 AI를 활용하는 방법을 이렇게 구분하고

자 하는 이유는, 활용하는 방식에 따라 요구하는 기술과 지식, 그리고 그 결과물의 성격이 크게 다르기 때문이다. 예를 들어, 데이터 분석 도구로서의 AI 활용은 통계학과 데이터 과학의 지식이 필요하지만, 특정 목적의 AI 시스템을 개발하는 것은 더 깊은 컴퓨터 과학과 AI 이론의 이해가 필요하다. 이러한 접근은 AI에 대한 오해를 줄이고, AI 기술의 다양한 측면을 더 정확히 이해하고 활용하는 데 도움을 줄 것이다. 또한 이는 AI 연구와 응용의 새로운 가능성을 열어 주며, AI 기술이 각 분야에서 더욱 효과적으로 활용될 수 있는 기반을 마련할 것이다.

연구자의 인공지능 활용

AI의 발전은 연구 환경에 큰 변화를 불러오고 있다. AI는 단순한 데이터 분석 도구를 넘어 연구 생산성을 극대화하고 연구의 패러다임을 변화시킬 수 있는 혁신적인 접근 방식이 되고 있다. 연구자들은 AI를 '디지털 연구 조수'로 활용하여 대량의 문헌을 빠르게 파악하고, 복잡한 데이터를 분석하며, 새로운 가설을 생성하는 데 도움을 받고 있다.

그러나 AI의 활용이 연구의 본질을 대체하는 것은 아니다. 오히려 AI는 연구자의 창의성과 통찰력을 증폭하는 강력한 동료로 이해되어야 한다. AI를 효과적으로 활용하기 위해서는 기술적인 능력을 넘어서는 새로운 사고방식이 필요하다. 특히 '질문 능력'이 중요하다. AI에 적절한 질문을 던지기 위해서는 연구자 자신의 전문 지식과 경험이 바탕에 있어야 한다. 즉, 자신만의 콘텐츠를 충분히 갖춘 후에 AI를 활용하는 것이 효과적이다. 연구자들은 이를 바탕으로 AI를 통해 얻은 결과를 비판적으로 평가하고, 자신의 전문성과 결합하여 새로운 통찰을 만들어 낼 수 있어야 한다.

동시에 AI의 한계와 잠재적 위험성에 대해서도 인식해야 한다. AI 모델의 편향성, 데이터의 품질 문제, 윤리적 고려 사항 등은 항상 주의 깊게 살펴보아야 할 부분이다. 또한 AI 기술의 빠른 발전 속도를 고려할 때 연구자들의 지속적인 학습과 적응이 필요하다.

결론적으로 AI의 발전은 연구 방법론에 혁명적인 변화를 불러오고 있으며, 이를 활용하는 것은 현대 연구자들에게 중요한 과제다. 그러나 가장 중요한 것은 AI가 도구일 뿐이며, 연구의 핵심은 여전히 연구자의 창의성, 비판적 사고, 그리고 학문적 열정에 있다는 점이다. AI에게 의존하는 것이 아니라 자신의 전문성과 지식을 충분히 쌓은 후에 AI를 도구로 활용하는 것이 효과적이다. AI

를 통해 우리는 더 넓은 시야와 더 깊은 통찰을 얻을 수 있지만, 그것을 의미 있는 연구 성과로 변환하는 것은 여전히 연구자의 몫이다.

앞으로 AI 시스템은 더욱 발전하여 연구자의 '디지털 동료'로서의 역할을 할 것으로 예상된다. 따라서 연구자들은 이러한 AI 시스템을 효과적으로 활용하는 방법을 배우고, 동시에 AI와의 협업 과정에서 인간 연구자의 고유한 역할과 가치를 재정립해야 할 것이다.

이 책은 연구자들이 AI를 효과적으로 활용할 수 있도록 다음과 같이 구성되어 있다.

1장. 인공지능 종류와 활용 방법: AI를 활용할 때 필요한 도구와 환경을 데이터 분석 도구와 생성 AI 시스템에 따라 각각 설명하고자 한다.

2장. 대화형 AI의 이해와 프롬프트 엔지니어링: 챗지피티와 같은 생성 AI 모델의 원리를 설명하고, 이를 효과적으로 연구에 활용하기 위한 기본적인 프롬프트 작성 기법을 다룬다.

3장. AI를 활용한 문헌 분석 및 논문 작성: 생성 AI를 연구에 활용하기 위하여 학술 문헌 검토 및 분석, 그리고 논문 작성을 보조하는 방법을 소개한다.

4장. AI를 활용한 프로그래밍 효율화: 코딩 보조 도구로서의 AI 활용법을 설명하여 연구 관련 프로그래밍 효율을 높이는 방법을 제시한다.

5장. 수학적 도구로서의 AI 활용: 데이터 분석 도구로서의 AI와 생성 AI를 활용한 자동화된 데이터 분석 방법을 소개한다.

6장. AI를 활용한 연구 프로세스 효율화: 여러 연구 분야에서 AI 시스템을 구축하고 활용하는 방법을 설명한다.

7장. 대화형 AI를 활용한 연구 데이터 분석 및 시각화: AI를 이용한 고급 데이터 분석 기법과 효과적인 데이터 시각화 방법을 소개한다.

8장. AI를 활용한 연구 행정의 자동화: 연구 과정에서 필요한 반복적인 행정 업무와 연구 규정 검토 등을 위한 AI 활용을 소개한다.

9장. AI 활용의 윤리적 고려 사항과 주의점: 연구 분야에 AI 활용 시 고려해야 할 윤리적 문제와 잠재적 위험성을 논의한다.

10장. AI 발전과 미래의 연구자 역할: 미래에 더욱 발전할 AI 기술을 예측하고 새로운 시대의 새로운 연구자의 역할을 탐구한다.

이 책은 AI의 기본 개념과 다양한 방식의 연구 활용,

그리고 미래 연구자의 전망까지 포괄적으로 다룬다. 지면 관계상 상세한 내용을 소개하기는 어렵지만 전체적으로는 연구자가 AI를 자신의 연구에 활용할 수 있도록 안내하는 로드맵 역할을 할 것으로 기대된다.

참고문헌

25학년도 수능 모델성능 결과, https://github.com/Marker-Inc-Korea/Korean-SAT-LLM-Leaderboard/blob/main/Korean_README.md

Brown, T. B., et al.(2020). Language models are few-shot learners. Advances in Neural Information Processing Systems.

Jumper, J., et al.(2021). Highly accurate protein structure prediction with AlphaFold. *Nature*, 596(7873), pp.583-589.

Krizhevsky, A., et al.(2012). ImageNet Classification with Deep Convolutional Neural Networks. In Advances in Neural Information Processing Systems.

Lampos, V., et al.(2021). GraphCast: Accurate and scalable data-driven weather forecasts powered by AI. arXiv preprint arXiv:2109.13200.

Maxim, L. Tracking AI - Monitoring Bias in Artificial Intelligence Chatbots. https://trackingai.org/IQ

Minsky, M. & Papert, S.(1969). *Perceptrons: An Introduction to Computational Geometry*. MIT Press.

Nilsson, N. J.(1998). *Artificial Intelligence: A New Synthesis*. Morgan Kaufmann.

Silver, D., et al.(2016). Mastering the game of Go with deep neural networks and tree search. *Nature*, 529(7587), pp.484–489.

Vapnik, V. N.(1995). *The Nature of Statistical Learning Theory*. Springer.

01
인공지능 종류와 활용 방법

인공지능 기술의 발전으로 연구자들은 다양한 방식으로 AI를 활용할 수 있게 되었다. 대화형 AI 서비스부터 프로그래밍을 통한 고도화된 접근까지, 각 방식은 고유한 장단점을 가지고 있다. 이 장에서는 연구자들이 활용할 수 있는 다양한 AI 기술과 도구들을 소개하고, 연구 목적에 맞는 적절한 방법을 선택하는 데 필요한 고려 사항들을 살펴본다.

AI와 1인 창업?

대화형 AI 서비스 활용하기

인공지능 기술의 급속한 발전으로 연구자들은 다양한 방식으로 AI를 활용할 수 있게 되었다. 그중에서도 대화형 AI 서비스는 프로그래밍 지식이 없는 연구자들도 쉽게 접근할 수 있다. 이러한 서비스들은 사용자 친화적인 인터페이스를 제공하여 다양한 분야의 연구자들이 쉽게 활용할 수 있다는 장점이 있다. 대표적인 대화형 AI 서비스로는 오픈AI(OpenAI)의 챗지피티(ChatGPT), 앤스로픽(Anthropic)의 클로드(Claude) AI, 구글(Google)의 제미나이(Gemini), 퍼플렉시티(Perplexity)의 퍼플렉시티.ai(Perplexity.ai) 등이 있다.

현재 가장 많은 사용자를 보유한 챗지피티는 텍스트 생성뿐만 아니라 이미지를 함께 이해하고 생성할 수 있는 기능을 제공한다. 또한 검색 기능과 함께 지피티에스(GPTs, GPT Store) 기능을 통해 외부 프로그램과 연계하여 기능을 확장하는 것이 가능하다. 이러한 다양한 기능은 연구자들이 정보 수집, 아이디어 생성, 데이터 분석 등 다양한 연구 활동에 챗지피티를 활용할 수 있게 한다.

클로드 AI는 앤스로픽에서 개발한 서비스로, 긴 문서 처리와 논리적 추론에 강점을 가지고 있다. 특히 논문 작성과 같은 창작 활동에 타 서비스에 비해 우수한 성능을 가지고 있다. 챗지피티에 포함된 검색 기능은 없지만 학습된 데이터를 기반으로 깊이 있는 분석과 답변을 제공할 수 있어, 특정 주제에 대한 심층적인 이해가 필요한 연구에 유용하게 활용될 수 있다. 또, 아티팩트(Artifact) 기능을 통해 생성된 콘텐츠를 별도로 관리하고 공유할 수 있어, 복잡한 프로젝트에서도 효과적으로 사용 가능하다.

구글의 제미나이는 방대한 데이터를 바탕으로 높은 사실성을 제공하는 것이 특징이다. 또 구글의 다른 서비스들과 연계가 가능해 연구자들이 기존에 사용하던 구글 도구들과 통합하여 사용할 수 있다는 장점이 있다. 제미나이는 텍스트뿐만 아니라 이미지, 음성 등 다양한 형태의 데이터를 처리할 수 있는 멀티모달 기능을 지원하여, 복합적인 연구 데이터를 다루는 데 효과적이다.

퍼플렉시티.ai는 자체 언어 모델을 보유하고 있지는 않지만, 검색 기반 답변에 특화된 기능을 제공한다. 실시간으로 웹을 검색하여 최신 정보를 제공할 수 있어, 최신 연구 동향이나 데이터가 필요한 연구자들에게 유용하다. 특히 학술 검색에 특화된 기능을 제공하여 연구 문헌 조사에 효과적으로 활용될 수 있다.

이들 서비스는 대부분 기본적인 기능을 무료로 제공

하지만, 더 많은 기능이나 사용량을 원하는 경우 유료 구독이 필요하다. 유료 사용자는 더 빠른 응답 속도, 더 긴 대화 기록 유지, 추가 기능 등의 혜택을 받을 수 있어 심도 있는 연구에 활용하기에 적합하다.

한편, 포(POE)와 같은 플랫폼은 여러 생성 AI 서비스를 한곳에 모아 둔 통합 서비스를 제공한다. 이러한 플랫폼의 장점은 개별적으로 서비스를 구독하지 않고도 다양한 AI 모델을 비교하며 사용할 수 있다는 것이다. 연구자들은 이를 통해 각 AI 모델의 특성을 비교 분석하고, 자신의 연구 목적에 가장 적합한 모델을 선택하여 활용할 수 있다.

이러한 상용 AI 서비스들은 지속적으로 발전하고 있어, 연구자들이 정기적으로 새로운 기능과 서비스를 확인하고 연구에 적용해 보는 것이 좋다. 각 서비스의 특성을 잘 이해하고 연구 목적에 맞게 선택적으로 활용한다면, 연구의 효율성과 품질을 크게 향상할 수 있을 것이다.

프로그래밍을 통한 인공지능 활용

연구자들이 인공지능을 보다 전문적이고 맞춤화된 방식으로 활용하고자 할 때, 프로그래밍을 통한 접근이 효과적일 수 있다. 이 방법은 상용 AI 서비스보다 더 깊이 있는 제어와 커스터마이징이 가능하며, 특정 연구 목적에 맞는 독자적인 AI 도구 개발할 수 있다는 장점이 있다.

프로그래밍을 통한 AI 활용의 첫 번째 방법은 API(Application Programming Interface)를 이용하는 것이다. 많은 상용 AI 서비스들이 자체 프로그램 수준에서 활용할 수 있는 API를 제공한다. 예를 들어, 오픈AI의 지피티(GPT), 구글의 제미나이, 앤스로픽의 클로드 등의 서비스가 API를 제공하고 있다. API를 활용하면 연구자는 특정 연구 목적에 맞게 모델의 기능을 조정하고 자신의 애플리케이션에 통합할 수 있다.

API를 활용한 맞춤형 AI 도구의 한 예로, 연구 동향을 조사하여 보고서를 자동으로 작성해 주는 챗봇을 들 수 있다. 챗봇으로 보고서를 작성할 때는 여러 AI 모델을 상호보완적으로 사용하는 것도 가능하다. 예를 들어 챗지피티에 초안을 작성하게 하고, 클로드 AI에 그 초안을 검수하도록 하는 시스템을 구축할 수 있다. 이러한 방식은 각 모델의 강점을 결합하여 더 나은 결과를 얻을 수 있게 해 준다.

API 사용의 또 다른 이점은 비용 효율성이다. API를 통해 AI 모델을 사용할 경우, 사용량(입력 및 출력 토큰)

에 따라 비용을 지불하게 된다. 오픈웹UI(Open WebUI)와 같은 오픈 소스 도구를 활용하여 서비스를 구축하면, 월 구독 방식에 비해 평균적으로 1/5에서 1/10 정도로 비용이 절감된다. API를 활용하면 보다 다양한 버전의 AI 모델을 사용할 수 있으며, 결과의 출력 다양성 등 설정을 조정할 수 있다. 반면 API 사용 시에는 챗지피티의 검색 기능 및 GPTs, 클로드의 아티팩트 기능, 퍼플렉시티의 참조 기능과 같이 웹 서비스에서 제공하는 일부 특화된 기능을 활용하지 못한다는 한계도 존재한다.

두 번째 방법은 오픈 소스 AI 모델을 직접 활용하는 것이다. 이 방법은 특히 공공기관이나 금융 분야와 같이 데이터 보안이 중요한 분야에서 유용하다. 상용 서비스를 사용할 경우 민감한 정보가 외부로 유출될 위험이 있기 때문이다. 대표적인 오픈 소스 모델로는 메타(Meta)의 라마(LLaMA), 구글의 제마(Gemma), 미스트랄 AI(Mistral AI)의 미스트랄(Mistral) 등이 있다. 이러한 모델들의 성능은 상용 서비스의 6개월에서 1년 전 모델에 근접하다고 보고되고 있으며, 상용 서비스와의 격차를 꾸준히 줄이고 있다.

오픈 소스 모델을 사용하면 연구자의 개인 컴퓨터(PC)나 기관의 자체 클라우드 시스템(온프레미스, On-

Premise)에 모델을 설치하여 사용할 수 있다. 이 방식은 데이터 보안 문제를 해결할 뿐만 아니라, 연구자가 보유한 데이터로 미세조정(fine-tuning)을 할 수 있어 원자력이나 국방과 같이 특정 도메인에 특화된 AI 모델의 개발이 가능하게 해 준다.

다만, AI 모델을 자체적으로 운영할 때는 하드웨어 요구 사항을 고려해야 한다. 특히 사용하려는 모델의 크기에 따라 필요한 그래픽처리장치(GPU) 메모리 용량이 달라진다. 예를 들어, 80억 개의 파라미터를 가진 모델(예: llama3:8b)을 경량화 없이 사용하려면 최소 16기가바이트(GB) 이상의 메모리를 가진 GPU가 필요하다. 맥(Mac) 사용자의 경우, CPU(중앙처리장치)와 GPU가 시스템 메모리를 공유하므로 24기가바이트 메모리를 확보하면 무리 없이 자체 AI 모델을 활용할 수 있다.

API나 오픈 소스 모델을 활용하는 방식은 연구자가 AI 모델을 자신의 목적에 맞게 더 자유롭게 활용할 수 있다는 장점이 있으나, 동시에 연구자에게 어느 정도의 프로그래밍 지식을 요구한다. 하지만 이런 진입 장벽은 AI 커뮤니티와 4장에서 설명할 생성 AI 기술을 활용하여 예전보다 쉽게 극복할 수 있다.

인공지능 프레임워크 활용하기

상용 AI 서비스나 모델을 API 형태로 사용하는 방법 외에 인공지능 프레임워크를 직접 활용하는 것도 가능하다. 프로그래밍 방식으로 AI를 활용할 때 가장 널리 사용되는 프로그래밍 언어는 파이선(Python)이다. 파이선은 데이터 처리와 분석을 위한 강력한 라이브러리와 딥러닝 프레임워크를 제공하고, 간결하고 읽기 쉬운 문법으로 구성되어 있으며, 많은 사용자와 활발한 커뮤니티를 통해 다양한 정보를 쉽게 얻을 수 있기 때문이다. 이러한 이유로 파이선은 공학 분야에 사실상 표준 프로그래밍 언어로 자리 잡고 있다.

데이터 분석 도구로 AI를 활용하는 경우에는 파이선뿐만 아니라 R 언어도 많이 사용된다. 파이선은 범용 프로그래밍 언어로 AI와 데이터 과학 외에도 다양한 분야에서 사용되며, 풍부한 라이브러리 생태계[넘파이(NumPy), 팬더스(pandas), 맷플롯리브(Matplotlib) 등]를 가지고 있다. R은 통계 및 그래픽에 특화된 언어로, 데이터 시각화에 강점이 있으며, 학술 연구 및 통계 분석 분야에서 널리 사용된다.

저수준(Low-Level)의 딥러닝 기술을 활용할 때는 텐서플로(Tensorflow), 파이토치(Pytorch)와 같은 딥러닝 프레임워크가 사용된다. 이러한 프레임워크는 복잡한 신경망 모델을 구축하고 훈련하는 데 필요한 도구와 라이브러리를 제공한다.

AI 및 딥러닝 개발을 위한 주요 통합 개발 환경(IDE)으로는 비주얼 스튜디오 코드(VS Code, Visual Studio Code), 파이참(PyCharm), 주피터 노트북(Jupyter Notebook) 등이 있다. 구글에서 개발한 콜랩(Colab, Colaboratory)은 본래 구글 내부 교육을 위해서 개발된 주피터 노트북 기반 개발 환경으로 로컬 시스템의 하드웨어 제약 없이 구글 클라우드의 자원을 활용하여 AI 모델을 개발하고 훈련할 수 있다. 또 AI 활용에 필요한 라이브러리들이 사전에 설치되어 있어 별도의 설정을 위한 노력을 들일 필요 없이 AI 프로그래밍을 진행할 수 있고 협업이 원활하다. 하지만 콜랩은 GPU의 사용량이 제한되어 있어 긴 시간 안정적인 사용이 어렵고, 클라우드 환경을 사용하므로 보안에 민감한 환경에서 활용하는 것은 제한적이라는 단점이 있다.

최근에는 생성 AI 기반 개발 환경인 커서(Cursor)가 주목받고 있다. 커서는 코드 자동 완성, 자연어 명령을 통한 코드 생성, 디버깅 지원 등의 기능을 제공한다. 특히 코드베이스 전체를 이해하고 분석하여 개발자의 작업을 도와주어 개발자들은 생산성을 크게 향상할 수 있으며, 이러한 AI 기능은 협업 작업에서도 유리하다.

연구자들의 AI 활용 방법은 활용 목적, 데이터의 특성, 기술적 배경, 기관의 보안 정책 등에 따라 다양하게 나타난다. 대화형 AI 서비스부터 고도로 특화된 머신러닝 모델까지, 각 접근 방식은 연구 목적에 따른 고유한 장단점을 가지고 있다. 예를 들어 대화형 AI 서비스는 인문학 연구자에게 유용할 수 있지만, 생물정보학 연구자는 유전체 데이터 분석을 위한 특수한 AI 모델을 직접 개발할 필요가 있다.

연구자들이 AI를 활용할 때는 모델의 성능, 특화 분야, 사용 편의성, 비용, 데이터 보안, 업데이트 주기, 커뮤니티 지원, 윤리적 고려 사항 등을 종합적으로 고려해야 한다. 이러한 요소들을 잘 고려하여 연구 목적에 가장 적합한 방향을 선택하는 것이 중요하다. 또 기술의 빠른 발전 속도를 감안할 때, 정기적으로 새로운 모델과 서비스를 검토하고 필요에 따라 전환을 고려하는 것도 필요하다.

참고문헌

Anthropic(2023). Claude AI: AI for Safe and Explainable AI Research. https://www.anthropic.com/claude

Brown, T., et al.(2020). Language Models are Few-Shot Learners. arXiv preprint arXiv:2005.14165.

Google(2023). Colaboratory: Free Jupyter Notebooks in the Cloud. https://colab.research.google.com/

Google (2023). Introducing Gemini: our largest and most capable AI model.
https://blog.google/technology/ai/google-gemini-ai

McKinney, W.(2010). Data Structures for Statistical Computing in Python. In Proceedings of the 9th Python in Science Conference, 51-56.

Meta AI(2023). LLaMA: Open and Efficient Foundation Language Models. arXiv preprint arXiv:2302.01973.

OpenAI(2023). Introducing ChatGPT.
https://www.openai.com/blog/chatgpt

Paszke, A., et al.(2019). PyTorch: An Imperative Style, High-Performance Deep Learning Library. In Advances in Neural Information Processing Systems, 8024-8035.

Perplexity.ai(2023). Perplexity AI: The Search Engine for Complex Queries. https://www.perplexity.ai/

The R Project for Statistical Computing,
https://www.r-project.org

Vaswani, A., et al.(2017). Attention is All You Need. In Advances in Neural Information Processing Systems, 5998-6008.

02
대화형 AI의 이해와 프롬프트 엔지니어링

거대언어모델의 작동 원리와 프롬프트 엔지니어링의 중요성을 설명하는 이 장에서는 AI가 어떻게 언어를 이해하고 생성하는지, 그리고 연구자들이 이를 효과적으로 활용하기 위해 어떤 방법을 사용할 수 있는지 살펴본다. 거대언어모델의 기본 원리부터 다양한 프롬프트 엔지니어링 기법까지, AI를 연구에 활용하는 실용적인 방법들을 소개하며, 이를 통해 연구자들이 AI를 더욱 강력한 연구 도구로 활용할 수 있는 방법을 제시한다.

AI와 MBTI?

거대언어모델의 기본 원리와 주요 모델

우리는 "솔솔라라솔솔미솔솔미미"라는 〈학교 종〉 멜로디를 들으면 그다음 "레"라는 음이 올 것을 자연스럽게 예상한다. 이는 우리가 수십 년 동안 수많은 노래를 들으며 무의식적으로 학습한 결과다. AI도 이와 유사한 방식으로 학습할 수 있다. 만약 AI가 세상의 모든 노래를 분석하여 음의 배열 규칙을 학습한다면, 인간이 좋아하는 음악을 구성하는 화성학, 음악 형식, 리듬 패턴 등을 이해할 수 있게 된다. 이를 바탕으로 AI는 새로운 음악을 창조해 낼 수 있다. 이러한 개념을 적용한 AI 모델은 '뮤직 지피티(MUSIC-GPT)'라는 이름으로 공개되었다.

이와 유사하게 챗지피티(ChatGPT)와 같은 거대언어모델(LLM, Large Language Model)의 핵심 원리는 주어진 텍스트를 바탕으로 그다음에 올 가능성이 높은 내용을 예측하는 것이다. 이는 마치 문장의 일부를 보고 나머지를 유추하는 인간의 능력과 유사하다. 오픈AI(OpenAI)에서 개발한 지피티(GPT, Generative Pre-trained Transformer)는 트랜스포머 딥러닝 구조의 디코더(Decoder) 부분을 활용한 인공지능 모델로 방대한 텍스트 데이터를 학습하여 다양한 주제와 맥락을 이해한다. 학습 과정에서 AI 모델은 특정 단어나 구 다음에 어떤 표현이 올

확률이 높은지를 학습한다. 예를 들어, "실험 결과, 가설은"이라는 구문 다음에 "지지가 되었다" 또는 "기각되었다"와 같은 표현이 올 가능성이 높다는 것을 학습한다. 이를 통하여 데이터에 단어의 의미와 문맥 등을 학습할 수 있다. 이렇게 학습 과정에서 별도의 라벨링 과정 없이 스스로 라벨을 만들어 학습하는 방법을 자기지도학습(SSL, Self Supervised Learning)이라고 부른다.

이러한 원리를 바탕으로, 지피티는 주어진 입력, 즉 프롬프트에 대해 맥락에 맞는 텍스트를 생성한다. 또한 지피티는 단순히 자연스러운 말을 생성하는 것을 넘어서 번역, 요약 등 다양한 임무를 수행할 수 있다.

지피티의 이러한 능력은 연구 활동에서 다양하게 활용될 수 있다. 예를 들어 문헌 리뷰 작성, 연구 가설 생성, 실험 설계 아이디어 제안 등에 도움을 줄 수 있다. 그러나 AI의 출력은 입력된 프롬프트에 크게 의존하기 때문에, 연구자가 원하는 결과를 얻기 위해서는 적절한 프롬프트를 제공하는 것이 중요하다. 이는 다음 섹션에서 다룰 '프롬프트 엔지니어링'의 핵심 개념이다.

프롬프트 엔지니어링: 개념, 기법, 활용 사례

프롬프트 엔지니어링(Prompt Engineering)은 AI 모델

로부터 원하는 결과를 얻기 위해 효과적인 입력(프롬프트)을 설계하는 과정이다. 이는 단순히 지시하는 것을 넘어서, AI와의 효과적인 대화 방법을 설계하는 기술로 표현할 수 있다. 오픈AI의 최고경영자(CEO) 샘 올트먼이 "챗봇 페르소나를 위해 훌륭한 프롬프트를 작성하는 것은 활용도가 굉장히 높은 기술이며 약간의 자연어로 프로그래밍하는 것의 초기 사례다"라고 말한 것처럼, 프롬프트 엔지니어링은 인공지능 시대의 핵심 기술로 자리 잡고 있다.

프롬프트 엔지니어링의 핵심은 거대언어모델을 단순한 질문-답변 도구가 아닌, 동료나 부하 직원처럼 생각하고 활용하는 것이다. 이러한 관점에서 효과적인 프롬프팅은 효과적인 업무 지시와 유사한 면이 많다. 인공지능에게 충분한 배경 정보를 제공하고, 목적과 방법을 명확히 설명하며, 기대하는 결과의 수준과 형식을 구체적으로 명시해야 한다. 이는 마치 능력 있는 연구 조교나 동료에게 작업을 지시하는 것과 유사하다. 이러한 접근 방식은 AI로부터 더 정확하고 유용한 결과를 얻는 데 큰 도움이 된다.

효과적인 프롬프트 엔지니어링을 위해서는 몇 가지 핵심 원칙을 이해하고 적용해야 한다. 첫째, 명확성이 중요하다. AI 모델은 모호한 지시를 이해하기 어려우므로 가능한 한 구체적이고 상세한 지시를 제공해야 한다. 특히 답변의 예시를 제시(Few-shot Prompting)하거나 답변의 템플릿을 구체적으로 제시하는 것은 답변 품질을 향상하는 데 큰 도움이 된다.

둘째, 역할을 구체적으로 제시해야 한다. 예를 들어 연구 동료 역할로 "당신은 OO 연구 분야의 최고 전문가입니다. 내 연구 주제와 방법론에 대해 깊이 있는 지식을 가지고 있으며, 최신 연구 동향을 잘 알고 있습니다. 내 연구에 대해 비판적이고 건설적인 피드백을 제공해 주세요"라고 역할 부여를 할 수 있다. 일반적으로 대화형 AI 서비스는 긍정적인 대화를 이어 가는 경향이 있으므로 연구에 활용하기 위해서는 '비판적이고 객관적'인 역할을 부여하는 것이 도움이 된다.

셋째, 맥락을 제공해야 한다. AI 모델에게 필요한 배경 정보나 참고 자료를 함께 제시하면 더 정확하고 관련성 높은 답변을 얻을 수 있다. 마지막으로, 단계적 접근이 효과적이다. 복잡한 작업을 여러 단계로 나누어 처리하도록 지시하면 AI가 더 체계적으로 문제를 해결할 수 있다.

이러한 원칙을 바탕으로 다양한 프롬프트 엔지니어링

기법이 개발되었다. 대표적인 기법으로는 사고 연쇄(Chain of Thought) 등이 있다. 소수 예시 학습은 AI에 몇 가지 예시를 제공하여 원하는 출력 형식이나 스타일을 안내하는 방법이다.

사고 연쇄 기법은 AI가 단계별로 추론 과정을 보여 주도록 유도하는 기법으로, 복잡한 문제 해결에 특히 효과적이다. 예를 들어 지피티3에게 서술형 수학 문제의 답을 구하라고 지시할 때, 곧바로 답을 구하라고 지시하는 것보다 '단계적으로 생각해(let's think step by step)'라고 지시한 후 1차 분석 결과를 함께 고려하여 답을 구하라고 지시하면 정확도가 크게 향상된다는 보고가 있다(Brown, 2020).

최근 연구에서는 이러한 기본 기법들을 더욱 발전시킨 고급 기법들이 제안되고 있다. 예를 들어, 자기 일관성(Self-Consistency) 기법은 동일한 문제에 대해 여러 개의 사고 연쇄 기법으로 추론을 생성한 후, 가장 일관된 답변을 선택하는 방식으로 정확도를 높인다. 사고의 나무(ToT, Tree of Thoughts) 기법은 추론 과정을 트리 구조로 확장하여 다양한 사고 경로를 탐색하고 최적의 해결책을 찾는다. 예를 들어 프롬프트로 ToT를 구현한다면 아래와 같이 프롬프트를 구성할 수 있다(Hulbert,

2023).

1) 세 명의 가상의 전문가가 주어진 질문에 답하는 과정을 상상한다.
2) 모든 전문가는 자신의 사고 과정을 한 단계씩 기록한다.
3) 단계마다 전문가들은 자신의 생각을 다른 전문가들과 공유한다.
4) 그 후 모든 전문가는 다음 단계로 넘어간다.
5) 만약 어느 전문가라도 자신의 추론이 잘못되었다고 판단하면 그 시점에서 중단한다.

리액트(ReAct) 기법은 추론(Reasoning)과 행동(Acting)을 번갈아 가며 수행하도록 하여, 외부 도구나 환경과의 상호작용이 필요한 복잡한 작업에서 효과적이다.

프롬프트 기법에 포함되지는 않지만 실용적인 팁을 추가하면 언어 생성 능력뿐만 아니라 지식에 대한 답변 정확도 역시 영어가 더 높아 영문으로 질문을 하거나, 중간 단계에서 영어로 번역해서 질문하고 질문을 다시 한글로 번역하는 것이 더 좋은 결과를 얻을 수 있다. 이것을 구현하기 위하여 API를 활용하여 여러 단계(번역→질의→번역)를 거치도록 시스템을 구성할 수 있고 또한 프롬프트에 포함해서 이러한 과정을 구현하는 것도 가능하다.

이러한 프롬프트 엔지니어링 기법들은 다양한 연구 활동에 적용될 수 있다. 구체적인 활용 사례를 살펴보면 다음과 같다.

1. 문헌 리뷰: "당신은 신경과학 분야의 전문가입니다. 지난 5년간 알츠하이머병 연구의 주요 동향을 분석해 주세요. 특히 1) 주요 발견, 2) 새로운 연구 방법론, 3) 향후 연구 방향에 초점을 맞춰 주세요. 각 주제에 대해 최소 세 개의 주요 논문을 인용하고, 최종적으로 이 분야의 현재 상태와 미래 전망을 100단어로 요약해 주세요."

2. 논문 검토: "아래는 내가 작성 중인 논문 초안입니다. 이 초안에 대한 내용과 구성 및 논리에 대해서 비판적으로 평가하고 개선 방향을 제시해 주세요"

3. 데이터 분석: "대기 오염과 호흡기 질환 발병률의 상관관계를 분석하는 연구를 수행 중입니다. 다음 데이터 세트를 사용하여 탐색적 데이터 분석을 진행해 주세요: [데이터 세트 설명]. 분석에는 다음 단계를 포함해야 합니다: 1) 기술 통계 요약, 2) 주요 변수들 간의 상관관계 분석, 3) 시계열 트렌드 분석, 4) 지역별 차이 분석, 5) 최소 세 가지 유형의 시각화. 각 단계에서 발견한 주요

패턴이나 인사이트를 설명하고, 이를 바탕으로 추가 연구가 필요한 영역을 제안해 주세요."

적절한 프롬프트를 작성하는 것이 어렵다면, 인공지능에게 궁극적인 목적을 알려주고 최적의 프롬프트를 제시해달라고 요청하거나 프롬프트를 생성하기 위한 GPTs (Advanced Meta-Prompt Engineering 등)를 활용할 수 있다. 이러한 기법을 메타프롬프팅(Meta Prompting)이라 하며 프롬프트에 대한 고민을 줄이면서 좋은 결과를 기대할 수 있다.

프롬프트 엔지니어링은 계속 발전하는 분야이며, 새로운 기법과 응용 방법이 지속적으로 개발되고 있다. 연구자들은 이러한 발전을 주시하고, 자신의 연구에 가장 적합한 방법을 탐색하고 적용해야 한다. 거대언어모델을 동료나 부하 직원처럼 생각하고 활용하는 접근 방식은 AI와의 협업을 더욱 효과적으로 만들 수 있다. 이를 통해 연구자들은 AI를 연구의 강력한 조력자로 활용하여, 더 깊이 있고 혁신적인 연구를 수행할 수 있을 것이다.

참고문헌

간단한 프롬프팅으로 젬마 9B 한국어 성능 상승시키기,

https://arca.live/b/alpaca/111059901
Advanced Meta-Prompt Engineering.
https://chatgpt.com/g/g-lxVORMQae-advanced-meta-prompt-engineering
Brown, T., et al.(2020). Language Models are Few-Shot Learners. arXiv preprint arXiv:2005.14165.
Devlin, J., et al.(2019). BERT: Pre-training of Deep Bidirectional Transformers for Language Understanding. arXiv preprint arXiv:1810.04805.
Hulbert, D.(2023). Using Tree-of-Thought Prompting to boost ChatGPT's reasoning. GitHub repository.
https://github.com/dave1010/tree-of-thought-prompting
Music-GPT-2(2019). Music GPT-2 Implementation with Relative Positional Embedding. GitHub repository.
https://github.com/scpark20/Music-GPT-2
OpenAI(2023). Prompt engineering - OpenAI API
https://platform.openai.com/docs/guides/prompt-engineering
Vaswani, A., et al.(2017). Attention is All You Need. In Advances in Neural Information Processing Systems, 5998-6008.

03
AI를 활용한 문헌 분석 및 논문 작성

인공지능(AI)은 연구자의 강력한 도구로 부상하고 있다. 3장에서는 AI를 연구에 효과적으로 활용하는 방법을 소개한다. 연구 동향 조사, 논문 작성, 데이터 분석 등 다양한 연구 단계에서 AI 활용법을 안내한다. AI는 단순한 도구를 넘어 연구자의 사고를 확장하는 '지적 동반자' 역할을 한다. 그러나 AI 활용 시 윤리적 고려 사항과 잠재적 위험에 주의해야 한다.

AI와 난임 극복?

연구 동향 조사와 연구 방향 설정을 위한 AI 활용

연구 초기 단계에서 AI 도구를 활용하면 관련 문헌을 효율적으로 조사하고 핵심 내용을 빠르게 파악하는 것이 가능하다. 퍼플렉시티(Perplexity) AI는 이러한 목적에 매우 유용한 도구로, 고급 자연어 처리와 기계학습 기술을 활용한 AI 기반 검색 엔진이다. 이 플랫폼은 실시간 웹 검색 기능을 통해 최신 정보를 제공하며, 응답에 대한 출처를 함께 제시하여 정보의 신뢰성을 높인다. 연구 목적으로 퍼플렉시티 AI를 활용할 때, 심층적 주제 탐구가 가능하다. 예를 들어, "미국 원자력계의 인공지능 활용"과 같은 질문에 대해 과학 출판물 및 인터넷 사이트 등 다양한 출처에서 정보를 수집하여 종합적인 이해를 도울 수 있다. 또 특정 주제에 대한 광범위한 문헌 검토를 수행하고 주요 연구 결과를 요약할 수 있으며, 실시간 웹 검색 기능을 통해 최신 연구 동향을 빠르게 파악할 수 있다. 새로운 연구 질문을 개발하고 정제하는 데에도 도움을 주며, 연구자가 보유한 논문 소스를 AI에 제공하면 관련 참고문헌을 추천받을 수 있다.

검색 결과를 얻은 후에는 챗지피티(ChatGPT)나 클로드 AI(Claude.AI)와 같은 대화형 AI를 활용하여 논문의 핵심 내용을 빠르게 파악할 수 있다. 이러한 AI 도구들은 논문에 대한 요약을 제공하고 사용자의 질문에 답변함으로써 논문을 이해하는 데 필요한 시간을 크게 줄일 수 있다. 예를 들어 "이 논문의 주요 연구 질문, 방법론, 결과를 3~4문장으로 요약해 주세요"라고 요청하면 AI가 논문의 핵심 내용을 간략하게 정리해 준다. 또 "이 논문에서 사용된 주요 실험 방법은 무엇인가요?"나 "이 연구의 한계점은 무엇인가요?"와 같은 구체적인 질문을 통해 논문의 세부 내용을 빠르게 파악할 수 있다. 논문을 이해하기 위한 배경지식이 부족한 경우에 "비전공자(혹은 중고등학생)도 이해할 수 있도록 설명해 줘"와 같은 방식으로 대화형 AI를 활용하여 빠르게 새로운 지식을 습득할 수 있다. 한 번의 질문으로 원하는 답을 얻지 못할 수 있으나 AI의 장점은 꼬리에 꼬리를 물고 이해가 될 때까지 계속 질문을 이어 갈 수 있다는 것이다.

이러한 AI 기반 요약 및 질의응답 기능은 특히 많은 수의 논문을 검토해야 하는 문헌 조사 단계에서 매우 유용하다. 연구자는 AI의 도움을 받아 각 논문의 핵심 내용을 신속하게 파악하고, 자신의 연구와 관련성이 높은 논문들을 효율적으로 선별할 수 있다.

연구 동향 조사 외에도 AI를 활용하여 새로운 연구 방향을 설정할 수 있다. 오토지피티(AutoGPT)라는 서비스는 챗지피티 모델을 기반으로 하는 자동화된 AI 에이전트로, 사용자가 설정한 목표를 달성하기 위해 세부 목표를 독립적으로 세우고 인터넷에 접근하여 정보를 검색하고 수집하며 자동으로 작업을 수행한다. 연구 분야에서 오토지피티는 연구 아이디어 제안, 문제 해결, 창의적 사고 지원 등에 활용될 수 있다. 방대한 데이터를 분석하여 특정 분야의 연구 트렌드를 파악하고 새로운 연구 주제를 제안할 수 있으며, 특정 문제에 대한 다양한 해결책을 탐색하고 제시하여 새로운 접근 방식을 발견하도록 돕는다. 또한, 기존의 틀을 벗어난 창의적인 아이디어를 생성하여 연구자의 사고를 확장할 수 있다.

이 외에도 사이 스페이스(Sci Space), 커넥티드 페이퍼스(Connected Papers), 엘리싯(Elicit), 스코퍼스 AI (SCOPUS AI) 등의 도구들을 적절히 활용하면 연구 초기 단계에서 효율적으로 정보를 수집하고 분석할 수 있으며, 새로운 연구 방향을 설정하는 데에도 도움을 받을 수 있다.

AI를 활용한 논문 작성 전략

논문 작성 과정에서 AI를 효과적으로 활용하기 위해서

는 적절한 프롬프트 작성이 핵심이다. AI를 활용한 주요 논문 작성 전략은 다음과 같다.

논문의 구조화와 개요 작성 단계에서 AI는 큰 도움이 될 수 있다. 이때 중요한 것은 단계적 접근법이다. 예를 들어, "내 연구 주제는 [주제]입니다. 이에 대한 논문의 주요 섹션들을 제안해 주세요"라고 요청한 후, 제안받은 섹션들을 검토하고 수정한다. 그다음 "이 중 [섹션 이름] 섹션의 하위 항목들을 제안해 주세요"라고 요청하여 각 섹션의 세부 구조를 발전시킬 수 있다. 이러한 방식은 연구사가 각 단계에서 내용을 검토하고 조정할 수 있게 해주어 더 정교한 논문 구조를 만들 수 있게 한다.

영어 논문 작성 시, AI는 문법 교정부터 학술적 표현 제안까지 다양한 지원을 제공한다. 이때 챗지피티, 클로드 AI 같은 대화형 AI와 딥엘(DeepL), 퀼봇(Quillbot) 같은 번역 특화 AI 도구를 활용할 수 있다. "다음 문장을 더 학술적인 표현으로 바꿔 주세요: [원문]"과 같은 프롬프트를 사용하면 AI가 적절한 학술 용어와 표현을 제안한다.

논문의 논리 구조 개선에도 AI를 활용할 수 있다. "다음 단락들의 논리적 흐름을 분석하고, 개선점을 제안해 주세요: [단락들]"과 같은 프롬프트를 사용하면 AI가 논리적 일관성과 명확성을 높이는 데 도움을 준다. AI는 일반적으로 긍정적인 피드백을 주는 경향이 있으므로, "이 내용의 강점과 약점을 분석해 주세요"와 같이 비판적 평가를 명시적으로 요청하는 것이 좋다. 또한 맥락을 제공하고 구체적인 출력 형식을 지정하면 AI의 답변 품질이 향상된다.

논문의 수정 과정에서도 AI의 도움을 받을 수 있다. "다음은 내 논문에 대한 심사자의 의견입니다: [심사자 의견]. 이에 대한 효과적인 대응 전략을 제안해 주세요"라고 요청하면, AI는 각 의견에 대한 대응 방안과 논문 수정 아이디어를 제공할 수 있다. 심사자와의 의견 차이를 조율할 때도 "이 심사자 의견에 동의하지 않습니다. 정중하게 반박하는 방법을 제안해 주세요"와 같은 프롬프트를 사용하여 전문적이고 정중한 표현 방법에 대한 조언을 얻을 수 있다.

수정 이메일 작성이나 참고문헌 정리에도 AI를 활용할 수 있다. "다음 내용을 포함하는 수정 이메일의 초안을 작성해 주세요: [수정 사항 목록]"과 같은 프롬프트를 사용하면, AI가 구조화된 수정 이메일의 초안을 제공한다. 참고문헌을 정리할 때 "아래 참고문헌 표기 가이드에 따라 참고문헌을 정리해 주세요" 식의 명령으로 논문 작성에 필요한 시간을 절약할 수 있다.

AI 활용 시 주의 사항

논문 작성 시 AI는 아이디어 생성, 문장 구조 개선, 참고 자료 제안 등에 활용할 수 있다. AI를 활용한 연구는 효율성과 생산성을 크게 높일 수 있지만, 최종적인 내용 구성과 논리 전개는 연구자가 직접 수행해야 한다는 점을 명심해야 한다.

AI를 연구에 활용할 때는 윤리적 문제와 잠재적 위험을 인식해야 한다. 많은 연구기관과 학술지에서 AI 활용에 관한 가이드라인을 제시하고 있으므로, 이를 숙지하고 따르는 것이 중요하다. 일반적으로 AI의 도움을 받은 부분을 명시적으로 밝히는 것이 권장된다.

AI가 제공하는 정보나 생성한 내용에 대해서는 항상 사실 확인이 필요하다. AI는 때때로 '할루시네이션(hallucination)'이라고 불리는 오류를 범해 잘못된 정보를 제공할 수 있기 때문이다. 따라서 AI가 제시한 내용, 특히 인용이나 데이터는 반드시 원본 출처를 확인해야 한다.

또 AI로 생성된 글은 특유의 패턴이나 특징을 가지고 있어 점차 탐지가 가능해지고 있다. 일부 학술지에서는

AI 텍스트 탐지 도구를 사용하여 제출된 논문을 검사하고 있으며, AI 생성 내용이 과도하게 포함된 경우 게재 취소되는 사례도 발생하고 있다.

따라서 AI를 활용할 때는 그 결과물을 그대로 사용하기보다는 참고 자료로 활용하고, 연구자 본인의 전문성과 독창성을 반영하여 내용을 재구성하는 것이 바람직하다. AI는 아이디어 생성, 문장 구조 개선, 참고 자료 제안 등에 활용하고, 최종적인 내용 구성과 논리 전개는 연구자가 직접 수행해야 한다.

AI를 활용한 연구는 효율성과 생산성을 크게 높일 수 있지만, 동시에 연구의 진실성과 독창성을 해치지 않도록 주의를 기울여야 한다. AI에 의존하는 것이 아니라 토론하면서 사고의 범위를 확장해 나가는 동료로 활용하는 것이 중요하다. AI는 강력한 도구이지만, 결국 연구의 핵심은 연구자의 통찰력과 비판적 사고에 있다는 점을 항상 명심해야 한다.

참고문헌

이제현(2024). 연구활용 실전 LLMs. https://jehyunlee.github.io/2024/08/29/General-60-researchLLMs/

AgentGPT(2003). GitHub repository.

https://github.com/reworkd/AgentGPT
Connected Papers. https://www.connectedpapers.com
Elicit. https://elicit.org
SciSpace. https://typeset.io
SCOPUS AI. https://www.scopus.com

04
AI를 활용한 프로그래밍 효율화

AI 기반 프로그래밍 도구의 발전과 활용에 대해 소개하는 이 장에서는 코드 작성부터 최적화, 주석 관리까지 AI가 개발 과정 전반에 미치는 영향을 살펴본다. 알파코드의 성과로 입증된 AI의 프로그래밍 능력, 실용적인 도구들의 기능, 그리고 이들의 활용 사례를 설명한다. 동시에 AI 활용의 한계와 주의점을 제시하여, 연구자들이 AI를 효과적으로 활용하면서도 AI에 신중하게 접근할 수 있도록 안내한다.

AI와 사주?

AI 기반 프로그래밍

인공지능 기술의 발전은 프로그래밍 분야에도 큰 변화를 불러오고 있다. 2022년 12월 딥마인드(DeepMind) 팀이 발표한 알파코드(AlphaCode)는 코드포스(Codeforces) 플랫폼의 프로그래밍 대회에서 5000명 이상의 참가자 중 상위 54.3퍼센타일의 순위를 달성했다. 전문적인 개발자들도 참여하는 대회에서 이런 결과를 얻어낸 것은 인공지능이 일부 프로그래밍 영역에서는 인간 수준으로 발전했다는 기념비적인 사건이다. 최근 거대언어모델의 발전으로 AI 기반 프로그래밍 도구들은 더욱 빠르게 발전하고 있고 개발자들의 일을 더 쉽고 빠르게 만들어 주고 있다.

아마존(Amazon) 큐 디벨로퍼(Q Developer)나 깃허브(GitHub) 코파일럿(Copilot) 등의 도구들은 개발자가 코드를 작성하는 동안 다음에 올 코드를 예측해 제안한다. 마치 문자 메시지를 쓸 때 다음 단어를 추천해 주는 것처럼 코드의 다음 줄이나 전체 함수를 제안해 준다. 챗지피티(ChatGPT)나 클로드 AI(Claude.AI) 같은 AI 모델들은 일상 언어로 설명한 내용을 코드로 바꿔 준다. 예를 들어 "몬테카를로 시뮬레이션을 중앙처리장치(GPU) 병렬화하기 위한 포트란(FOTRAN) 코드를 작성해 줘"라고 말하면, 이를 수행하는 코드를 만들어 준다.

이러한 AI 도구들은 복잡한 코드를 쉽게 설명해 주고, 코드에 있는 버그(오류)를 찾아 고치는 방법도 제안해 준다. 클라우드 서비스 통합 코드위스퍼러 같은 도구는 아마존웹서비스(AWS) 같은 클라우드 서비스를 사용하는 코드 작성에 특히 강하다. 복잡한 클라우드 기능을 쉽게 구현할 수 있게 도와준다. 구글(Google)의 코랩 AI(Colab AI)는 코랩의 인터페이스에 포함되어 코랩 유료 서비스를 사용하면 사용자는 손쉽게 AI를 활용하여 프로그래밍을 수행할 수 있다.

이런 AI 도구들은 개발자뿐만 아니라 전문적인 개발 지식이 없는 연구자가 연구에 필요한 코드를 작성하는 것에 많은 도움을 준다. 프로그래밍에 필요한 반복적인 작업을 줄여 주고 새로운 프로그래밍 언어나 기술을 배우는 데도 유용하다. 구체적인 사례를 들면 아래와 같다.

1. 타인의 코드 이해 지원: AI는 복잡하거나 문서화가 잘되어 있지 않은 코드를 분석하고 설명할 수 있다. 이는 레거시 코드를 유지 보수하거나 오픈 소스 프로젝트에 기여할 때 특히 유용하다. 예를 들어 챗지피티에 코드 블록을 입력하

고 "이 코드가 무엇을 하는지 설명해 줘"라고 요청하면, AI는 코드의 기능과 로직을 쉽게 설명해 준다.

2. API 매뉴얼 이해 및 활용: 방대하고 복잡한 API 문서를 이해하고 적용하는 것은 개발자에게 큰 도전일 수 있다. AI 도구들은 이러한 API 문서를 빠르게 분석하고, 개발자가 원하는 기능을 구현하는 데 필요한 정확한 방법이나 파라미터를 제안할 수 있다. "아래 링크의 챗지피티 API 문서를 읽고 통신하는 코드를 작성해 줘"와 같은 요청에 AI는 관련 API를 활용한 코드를 즉시 생성할 수 있다.

3. 코드 실행 및 결과 분석: 챗지피티와 같은 일부 AI 모델은 코드를 생성하는 것뿐만 아니라 자체적으로 코드를 실행하고 그 결과를 분석할 수 있다. 이는 개발자가 코드의 정확성을 빠르게 확인하고 디버깅하는 데 도움을 준다. 또 코드 실행 결과를 파일로 받아 볼 수 있어, 데이터 처리나 분석 작업에서 특히 유용하다.

4. 시각화 및 인터랙티브 프로그래밍: 클로드 AI의 아티팩트(Artifact) 기능과 같은 고급 기능을 활용하면, 프로그래밍 결과를 즉시 시각화하거나 인터랙티브한 프로그램을 만들

수 있다. 예를 들어 "10x10 바둑판에 오목을 두는 프로그램을 만들어 줘"라는 요청에 AI는 웹 환경에서 실시간 실행할 수 있는 오목 프로그램을 생성할 수 있다.

코드 최적화 및 주석 관리

AI 기술은 코드 작성 외에도 기존 코드의 개선과 관리에 큰 도움을 준다. 코드 최적화와 주석 관리는 프로그램의 성능을 높이고 유지 보수를 쉽게 만드는 중요한 과정이다. AI 도구들은 작성된 코드를 분석하여 더 효율적으로 만들 방법을 제안한다. 예를 들어 코드에서 느린 부분을 찾아내고 더 빠른 알고리즘이나 데이터 구조를 제안하거나, 프로그램이 사용하는 메모리를 줄이는 방법을 제시한다. 또 복잡한 코드를 더 간단하고 이해하기 쉽게 만드는 방법을 제안하기도 한다.

리팩터링(refactoring) 과정에서도 AI는 큰 역할을 한다. 비슷한 코드를 찾아 함수로 만들어 재사용하게 하거나, 더 좋은 설계 패턴을 제안하여 코드를 체계적으로 만든다. 변수나 함수의 이름을 더 명확하고 일관성 있게 바꾸는 것을 제안하기도 한다.

주석에 따라 코드를 작성하는 것에 AI를 활용하는 것과 반대로, AI로 코드를 분석하여 적절한 주석을 자동으로 작성하고, 코드가 변경될 때 관련 주석도 함께 업데이트하는 방식으로도 활용될 수 있다. 또 코드만으로 충분히 이해될 수 있는 부분의 불필요한 주석을 찾아내기도 한다.

버전 관리에서도 AI는 유용하게 활용된다. 코드 변경 사항을 분석하여 적절한 커밋(commit, 변경 작업 저장) 메시지를 제안하고, 코드의 변경 이력을 분석하여 중요한 변경 사항을 요약해 준다.

한계 및 주의점

AI 기반 프로그래밍 도구들이 개발자들에게 많은 이점을 제공하지만, 이를 사용할 때 고려해야 할 한계와 주의점들이 있다. 이러한 점들을 이해하고 적절히 대응하는 것이 중요하다.

먼저, AI가 생성한 코드의 품질을 항상 신중히 검토해야 한다. AI는 때때로 문맥을 잘못 이해하거나 부적절한 코드를 생성할 수 있다. 따라서 개발자는 AI가 제안한 코드를 항상 검토하고 필요한 경우 수정해야 한다. 특히 중요한 비즈니스 로직이나 보안과 관련된 부분에서는 더욱 주의가 필요하다.

보안 측면에서도 주의가 필요하다. AI 도구가 생성한

코드에 보안 취약점이 있을 수 있으며, 특히 오픈 소스 코드를 학습 데이터로 사용하는 경우 해당 코드의 보안 문제가 AI 생성 코드에도 반영될 수 있다. 따라서 AI가 생성한 코드에 대해서도 철저한 보안 검사가 필요하다.

저작권 문제도 고려해야 한다. 일부 AI 도구들은 오픈 소스 코드를 학습 데이터로 사용하는데, 이에 따라 생성된 코드의 라이선스나 저작권 문제가 발생할 수 있다. 개발자들은 AI 생성 코드의 사용에 대한 법적 문제를 인식하고, 필요한 경우 적절한 라이선스 관리를 해야 한다.

AI 도구에 지나치게 의존하면 개발자의 기본적인 프로그래밍 기술이 약화할 수 있다는 점도 주의해야 한다. AI 도구는 보조 수단으로 활용하되, 핵심적인 알고리즘 설계나 아키텍처 결정은 여전히 개발자의 몫이다. 지속적인 학습과 기술 향상 노력이 필요하다.

또 AI는 일반적인 프로그래밍 패턴에 대해서는 잘 이해하지만, 특정 도메인에 특화된 복잡한 로직이나 비즈니스 규칙을 완전히 이해하지 못할 수 있다. 따라서 도메인 지식이 중요한 경우에는 AI의 제안을 더욱 신중히 검토해야 한다.

데이터 프라이버시 측면에서도 주의가 필요하다. 일부 AI 도구는 입력된 코드를 외부 서버로 전송하여 처리하는데, 이는 민감한 코드나 데이터의 유출 위험을 초래할 수 있다. 따라서 중요한 프로젝트나 기밀 정보가 포함된 코드를 다룰 때는 이러한 위험을 고려해야 한다.

마지막으로, AI 모델의 편향성 문제도 있다. AI 모델은 학습 데이터에 따라 특정한 코딩 스타일이나 패턴을 선호할 수 있으며, 이는 때때로 최적의 해결책이 아닐 수 있다. 따라서 개발자는 AI의 제안을 비판적으로 평가하고, 필요한 경우 대안을 찾아야 한다.

결론적으로, AI 기반 프로그래밍 도구는 강력한 보조 수단이지만, 개발자의 지식과 판단을 완전히 대체할 수는 없다. 이러한 도구들을 효과적으로 활용하면서도 그 한계를 인식하고 적절히 대응하는 것이 중요하다. 개발자는 AI를 도구로 활용하되, 최종적인 책임은 자신에게 있음을 항상 명심해야 한다.

참고문헌

Amazon Q Developer.
https://docs.aws.amazon.com/amazonq/latest/qdeveloper-ug/what-is.html

DeepMind(2022). AlphaCode: Competitive programming with large language models.
https://www.deepmind.com/blog/competitive-programmi

ng-with-alphacode
GitHub Copilot. https://github.com/features/copilot
Google Colab. https://colab.research.google.com/

05
수학적 도구로서의 AI 활용

AI가 데이터 분석, 알고리즘 최적화, 수학 분야에서 혁신적인 도구로 활용되고 있음을 설명한다. 원자력, 기후 과학, 신약 개발 등 다양한 분야의 실제 사례를 소개하고, 수치해석과 위상 최적 설계에서의 AI 활용을 다룬다. 최근 AI의 수학적 성과와 인간 수학자와의 협업 가능성도 논의하여, 연구자들에게 AI 활용 방안을 제시한다.

AI와 아이돌?

데이터 분석 도구로서의 AI

연구자에게 AI는 연구 과정에서 AI 서비스를 활용하는 것 외에도 전통적으로 수학·통계적 문제 해결 도구로 활용되고 있다. AI 시스템의 핵심인 기계학습 알고리즘은 복잡한 수학적 모델과 통계적 방법론을 기반으로 한다. 이러한 특성으로 AI는 대규모 데이터에서 복잡한 규칙을 찾고 관계를 모형화하며 미래를 예측하는 등 전통적인 통계적 방법론을 넘어서는 작업을 수행한다. AI는 방대한 양의 데이터를 신속하고 정확하게 분석하는 강력한 도구로, 다양한 연구 분야에서 활용되고 있다.

원자력 분야에서 AI는 원자로의 실시간 데이터 모니터링에 사용된다. 한국원자력연구원의 하나로 원자로에서는 AI 시스템이 온도, 압력, 유량, 방사선량 등 수백 개 이상의 계측 신호를 실시간으로 분석한다. 이 시스템은 비지도 학습 기반의 이상 탐지(anomaly detection) 방식으로 원자로의 이상 상태를 조기에 감지한다. 정상 상태 데이터로 학습된 AI 모델이 새로운 신호의 정상성을 판단하여 원자로의 안전성을 크게 향상한다.

AI는 또한 원자로의 상태를 예측하는 데 활용된다. 다양한 계측 데이터와 그들 간의 복잡한 상호작용을 분석하여 원자로의 비정상 상태를 예측한다. AI 모델은 특정 센서들의 미세한 변화 패턴을 학습하여 수 시간 또는 수일 후에 발생할 수 있는 기기 고장이나 성능 저하를 예측한다. 이를 통해 운영자들은 문제가 심각해지기 전에 선제적으로 대응하여 원자로의 불필요한 가동 중단을 예방할 수 있다.

기후 과학 분야에서 AI는 복잡한 기후 데이터를 분석하여 기후 변화를 예측한다. 딥러닝 모델은 과거의 기후 데이터를 학습하여 기존 모델보다 더 빠르고 정확하게 단기 기후 변화를 예측한다. 이러한 AI 모델은 위성 이미지, 기상 관측 데이터, 해양 데이터 등 다양한 소스의 데이터를 통합 분석하고, 다양한 기후 시나리오를 신속하게 시뮬레이션하여 정책 결정자들에게 더 나은 정보를 제공한다.

신약 개발 분야에서 AI는 약물 후보 물질을 스크리닝하고 최적화하는 데 사용된다. 전통적인 약물 개발 과정에서는 수많은 화합물을 실험실에서 직접 테스트해야 했지만, AI를 사용하면 가상으로 수백만 개의 화합물을 스크리닝할 수 있다. 딥러닝 모델은 화합물의 구조와 생물학적 활성 간의 관계를 학습하여, 잠재적인 약물 후보를 식별한다. 또 생성 모델을 사용하여 새로운 약물 구조를 설계하거나, 강화학습을 통해 약물의 특성을 최적화하는 연구도 진행 중이다. 이러한 AI 기반 접근법은 신약 개발 과정을 크게 가속화하고 비용을 절감할 수 있게 한다.

이처럼 AI는 다양한 연구 분야에서 통계적 도구로 활용되어 데이터 분석을 가속화하고, 기존 알고리즘을 개선하며, 새로운 인사이트를 제공하고 있다. AI의 이러한 능력은 연구의 속도와 정확성을 높이고, 기존에는 불가능했던 복잡한 분석을 가능하게 만들고 있다. 앞으로 AI 기술이 더욱 발전함에 따라 다양한 연구 분야에서 더 많은 혁신과 발견이 이루어질 것으로 기대된다.

기계학습을 활용한 알고리즘의 최적화

AI, 특히 기계학습 기술은 다양한 분야의 기존 알고리즘을 혁신적으로 개선하고 있다.

수치해석 분야에서 AI의 활용은 이 분야의 근본적인 목표와 맥을 같이한다. 수치해석은 본질적으로 복잡한 수학적 문제에 대해 보다 정확한 해를 더 빠르게 구하는 것을 추구하며, 기계학습 방법론은 이러한 노력을 한층 강화하는 도구로 자리 잡고 있다. AI는 기존 수치해석 방법의 성능을 개선하고 새로운 가능성을 열어 주지만, 이는 기존 방법론을 완전히 대체하는 것이 아니다. 오히려

고전적인 수치해석 기법과 AI의 융합이 핵심이다. 이러한 접근은 각 방법론의 장점을 결합하여 더 효율적이고 정확한 해법을 개발하는 것을 가능케 한다.

예를 들어 강화학습을 활용하면 수치해석 알고리즘에서 기존에 경험적으로(Heuristic) 설정하던 파라미터를 효율적으로 최적화할 수 있다. 이는 변수 조정을 자동화해 더 나은 성능을 구현하는 새로운 접근법이다. 또, 유한요소법과 같은 전통적인 수치해석 방법에 신경망을 결합하여 메시 생성이나 요소 선택을 최적화하는 연구도 활발히 진행되고 있다.

이러한 융합적 접근은 복잡한 유체역학 문제에서의 난류 모델링, 대규모 선형 시스템 해결을 위한 반복법의 수렴 속도 개선 등 다양한 분야에서 실질적인 성과를 내고 있다. 결과적으로 AI는 수치해석 분야의 발전을 가속화하고 있으며, 이는 수학적 모델링, 알고리즘 설계, 계산 효율성 향상 등 여러 측면에서 나타나고 있다.

근사 모델링(Surrogate modelling) 분야에서 AI는 복잡한 시스템의 동작을 모방하는 간단한 모델을 만드는 데 사용된다. 기계학습 알고리즘을 사용하면 과거의 해석 데이터를 바탕으로 높은 정확도의 근사 모델을 만들 수 있다. 이를 통해 시간이 많이 소요되는 전체 시뮬레이션을 대체할 수 있어, 설계 최적화나 민감도 분석 같은 작업을 훨씬 빠르게 수행할 수 있다. 예를 들어 원자로 설계 과정에서 AI 기반 대리 모델을 사용하면 복잡한 다물리 현상을 빠르게 시뮬레이션할 수 있어, 다양한 설계 옵션을 신속하게 평가할 수 있다.

위상 최적 설계 분야에서도 딥러닝 기술을 활용하여 기존 코드의 효율을 개선한 사례가 있다. 위상 최적 설계는 주어진 제약 조건하에서 최적의 구조를 찾는 기법으로, 원자로 구조물 설계에도 활용된다. 딥러닝 모델을 사용하여 최적화 과정을 가속화함으로써, 기존 방법보다 훨씬 빠르게 최적 설계안을 도출할 수 있게 되었다. 이는 복잡한 구조물의 설계 시간을 크게 단축하고, 더 효율적인 구조를 찾는 데 도움을 준다.

신소재 개발 분야에서 AI는 새로운 물질의 특성을 예측하고 설계하는 데 활용된다. 기계학습 모델은 원자 수준의 구조와 거시적 물성 간의 관계를 학습하여, 새로운 소재의 특성을 사전에 예측할 수 있다. 예를 들어 그래프 신경망을 사용하여 새로운 결정 구조를 설계하거나, 강화학습을 통해 특정 물성을 가진 합금 조성을 최적화하는 연구가 진행되고 있다. 이는 원자력 분야에서 새로운 핵연료 물질이나 방사선 차폐 재료를 개발하는 데 적용될 수 있다.

수학 분야의 AI 활용

최근 AI는 수학 분야에서 놀라운 성과를 내고 있다. 2022년 오픈AI의 연구와 구글 딥마인드의 AI 시스템들이 그 대표적인 예다. 오픈AI는 2022년에 린(Lean)이라는 정리 증명 보조 도구를 위한 신경망 증명기를 개발했다. 이 시스템은 수학적 증명을 컴퓨터가 검증할 수 있는 형태로 표현하는 형식수학(formal math)에서 중요한 진전을 이루었다. 이 시스템은 미국수학경시대회(AMC12, American Mathematics Competition)와 미국초청수학시험(AIME, American Invitational Mathematics Examination) 경시대회 문제들을 포함한 다양한 고난도 고등학교 수준의 올림피아드 문제들을 해결할 수 있는 능력을 보여 주었다. 이는 단순한 문제 해결을 넘어, 복잡한 수학적 추론을 형식화된 언어로 표현하고 증명할 수 있음을 보여 준 것이다.

구글 딥마인드의 AI 시스템들 또한 주목할 만한 성과를 보였다. 알파지오메트리(AlphaGeometry)는 기하학 분야에서 두각을 나타내며, 국제 수학 올림피아드 수준의 기하학 문제를 해결할 수 있는 능력을 보여 주었다.

이 시스템은 평균적인 인간 참가자보다 우수한 성적을 거두었으며, 기하학적 직관과 논리적 추론을 결합한 접근 방식을 사용한다. 알파프루프(AlphaProof)는 대수학, 정수론 등 더 넓은 수학 분야에서 뛰어난 성과를 거두었다. 2024년 국제 수학 올림피아드에서 6개 문제 중 4개를 해결하여 은메달에 해당하는 성과를 거두었다. 이는 AI가 인간의 고유한 영역으로 여겨졌던 수학적 사고 능력에서도 뛰어난 성과를 보여 주었다는 것을 의미한다. 구글의 미네르바(Minerva) 또한 고등학교 수준의 수학 문제를 추론하여 해결할 수 있는 능력을 갖추고 있어, AI가 다양한 난이도의 수학 문제에 접근할 수 있음을 보여 준다.

이러한 AI 모델들은 다양한 방식으로 개발되고 활용되고 있다. 실제 수학 증명 데이터의 부족 문제를 해결하기 위해 합성 데이터를 사용하는 방법이 주목받고 있다. 또한, 아이디어를 제시하는 언어 모델과 논리적 추론을 수행하는 엔진을 결합하는 방식도 사용되고 있다.

수학자와 AI의 협업 또한 중요한 활용 방식이다. AI가 새로운 관계나 패턴을 발견하면 수학자가 이를 바탕으로 증명을 완성하는 방식으로, AI의 계산 능력과 인간의 직관을 결합하여 시너지 효과를 창출한다.

그러나 현재의 AI 시스템은 아직 인간 수학자를 완전히 대체할 수준은 아니다. 복잡한 미해결 문제나 새로운 수학 이론 개발에는 여전히 한계가 있으며, 인간의 창의성과 직관이 필요한 영역이 많이 남아 있다. 또 AI가 제시한 증명의 정확성을 검증하는 과정에서 인간 수학자의 역할이 여전히 중요하다.

향후 AI는 수학자들의 직관을 돕고 증명 과정을 보조하는 강력한 도구로 발전할 것으로 전망된다. AI가 제시하는 아이디어나 패턴을 바탕으로 인간 수학자가 새로운 이론을 발전시키거나, 복잡한 계산을 AI에 맡기고 인간은 더 창의적인 사고에 집중하는 등의 협업 모델이 더욱 발전할 것으로 예상된다.

참고문헌

Deepmind(2023). AI achieves silver-medal standard solving International Mathematical Olympiad problems. https://deepmind.google/discover/blog/ai-solves-imo-problems-at-silver-medal-level/

Google Research (2023). Minerva: Solving Quantitative Reasoning Problems with Language Models. Google Research Blog. https://research.google/blog/minerva-solving-quantitative-reasoning-problems-with-language-models/

Ioffe, S., et al. (2023). Machine learning–guided synthesis of novel materials. *Nature*, 623, pp.47–55.

Polu, S., et al.(2022). Formal Mathematics Statement Curriculum Learning. arXiv:2202.01344 [cs.LG].

Romera–Paredes, B., et al.(2024). Mathematical discoveries from program search with large language models. *Nature*, 625, pp.468–475.

Ryu, S., et al.(2023). Development of deep autoencoder–based anomaly detection system for HANARO. *Nuclear Engineering and Technology*, 55(2), pp.475–483.

Yu, Y., et al.(2019). Deep learning for determining a near–optimal topological design without any iteration. *Structural and Multidisciplinary Optimization*, 59, pp.787–799.

06
AI를 활용한 연구 프로세스 효율화

이 장에서는 AI를 활용한 연구 프로세스 자동화와 통합 플랫폼의 발전을 소개한다. 실험 설계부터 데이터 분석까지 전 과정에 걸친 AI의 활용 사례를 설명하고, 특히 대형 연구 시설의 생산성을 극대화하는 '슈퍼 퍼실리티' 개념을 다룬다. 이러한 혁신이 연구 속도와 정확성을 크게 향상하고 있음을 강조한다.

AI와 야구?

연구 프로세스 자동화와 AI 통합 플랫폼

연구 프로세스 자동화와 AI 통합 플랫폼은 현대 과학 연구의 효율성과 생산성을 획기적으로 향상하는 핵심 요소다. 이러한 시스템은 실험 설계부터 데이터 수집, 분석, 결과 해석에 이르기까지 연구의 전 과정을 지원한다.

연구 프로세스 자동화의 첫 단계는 실험 설계 자동화다. AI 알고리즘은 기존 연구 데이터와 문헌을 분석하여 최적의 실험 조건을 제안한다. 이는 연구자가 수많은 변수를 고려해야 하는 복잡한 실험 설계 과정을 크게 단순화한다. 예를 들어 신약 개발 과정에서 AI는 새로운 화합물의 합성 조건을 자동으로 제안할 수 있다. 이렇게 제안된 조건을 바탕으로 실험을 수행하고, 그 결과를 다시 AI 모델에 피드백함으로써 지속적으로 실험 설계를 최적화할 수 있다.

데이터 수집 및 분석 자동화는 연구 프로세스 자동화의 핵심이다. 고도화된 센서와 데이터 획득 시스템(DAQ)은 실험 데이터를 실시간으로 수집하고, AI 알고리즘은 이를 즉시 분석한다. 이 과정에서 기계학습 기술은 데이터의 패턴을 인식하고 이상치를 감지하여 실험의 품질을 실시간으로 모니터링한다. 예를 들어 유전체 연구에서 AI는 시퀀싱 데이터의 품질을 자동으로 평가하고, 오류가 있는 샘플을 식별하여 연구자에게 알려 줄 수 있다.

시뮬레이션 자동화는 복잡한 시스템을 모델링하고 다양한 시나리오를 테스트하는 데 큰 도움이 된다. AI 기반 자동 시뮬레이션 최적화 시스템은 연구자가 정의한 목표와 제약 조건을 바탕으로 최적의 시뮬레이션 파라미터를 자동으로 찾아낸다. 이는 특히 기후 변화 연구나 신소재 개발과 같이 복잡한 시스템을 다루는 분야에서 유용하게 활용된다.

AI 통합 연구 플랫폼은 이러한 자동화 과정을 더욱 효율적으로 만든다. AI 통합 LIMS(Laboratory Information Management Systems)는 실험실 운영을 전반적으로 관리하며, 실험 데이터를 자동으로 분석하고 패턴을 식별한다. AI 기반 ELN(Electronic Lab Notebooks)은 단순한 디지털 노트 이상의 기능을 제공한다. 연구자의 기록을 실시간으로 분석하여 관련 논문이나 데이터 세트를 추천하고, 실험 프로토콜의 잠재적 문제점을 지적하며, 유사한 실험을 수행한 다른 연구자의 노트를 연결해 준다.

AI 지원 문헌 관리 시스템은 연구자의 문헌 검토 과정을 크게 개선한다. 이 시스템은 연구자의 관심사를 학습하여 관련성 높은 새로운 논문을 자동으로 추천하고, 대량의 논문에서 핵심 정보를 추출하여 요약해 준다. 더 나아가 여러 논문의 결과를 종합하여 메타 분석을 수행하거나, 연구 동향을 시각화하여 제시할 수도 있다.

AI 활용 연구 협업 플랫폼은 팀 연구의 효율성을 높인다. AI는 각 연구자의 전문성과 현재 작업을 분석하여 최적의 작업 분배를 제안하고, 팀원 간의 의사소통을 지원한다. 다국적 연구팀이 협업할 때 AI는 실시간 번역 서비스를 제공하여 언어 장벽을 낮추고, 각 연구자의 작업 현황을 모니터링하여 프로젝트 진행 상황을 자동으로 업데이트할 수 있다.

스마트 실험실 구현은 이러한 자동화와 AI 통합의 정점이라 할 수 있다. AI 기반 실험 모니터링 시스템은 실험실 환경을 실시간으로 감시하고 제어한다. 온도, 습도, 압력, 가스 농도 등 다양한 환경 변수를 지속적으로 측정하고, AI 알고리즘을 사용해 이상 징후를 감지한다. 스마트 재고 관리 시스템은 AI와 무선 주파수 식별(RFID, Radio Frequency Identification) 기술을 사용하여 실험실 물품을 효율적으로 관리하며, AI 기반 실험 보조 로봇은 반복적이거나 위험한 실험 작업을 수행한다.

이러한 연구 프로세스 자동화와 AI 통합 플랫폼의 도

입은 연구의 속도와 정확성을 크게 향상하며, 연구자가 더 창의적이고 혁신적인 아이디어에 집중할 수 있는 환경을 제공한다. 그러나 이러한 시스템을 효과적으로 활용하기 위해서는 연구자들의 디지털 리터러시 향상과 함께, 데이터 보안, AI 윤리, 그리고 인간 연구자의 역할 재정립 등 여러 과제도 함께 고려해야 한다.

대형 연구 시설의 연구 생산성 향상을 위한 슈퍼 퍼실리티

슈퍼 퍼실리티(Super facility)는 대형 연구 시설의 연구 생산성을 극대화하기 위한 혁신적인 접근 방식이다. 이 개념은 실험 시설, 고성능 컴퓨팅(HPC), 빅데이터 센터를 초고속 네트워크로 연결하여 실시간으로 데이터를 처리하고 분석하는 것을 목표로 한다. 슈퍼 퍼실리티의 핵심은 실험 데이터를 즉시 HPC로 전송하여 실시간으로 분석하고, 실험 결과와 이론적 시뮬레이션을 실시간으로 비교하며, 기존에 축적된 연구 데이터와 새로운 실험 결과를 즉시 비교 분석하는 데 있다.

하나의 대형 연구 시설에서는 평균적으로 하루 수백 테라바이트(TB)의 대규모 연구용 데이터를 생산해 내고 있으며, 연간 수십 페타바이트(PB)의 원시 데이터와 수

백 페타바이트의 처리 데이터를 생산해 내고 있다. 실험 기법이 발달함에 따라 연구용 데이터 생산율은 더욱 가파르게 증가하는 추세다. 슈퍼 퍼실리티는 이러한 대규모 데이터를 효과적으로 처리하고 활용하는 데 중요한 역할을 한다.

슈퍼 퍼실리티 구현의 대표적인 사례로는 미국 로런스버클리국립연구소(LBNL)의 국립에너지연구과학컴퓨팅센터(NERSC)가 있다. NERSC는 2018년부터 슈퍼 퍼실리티 프로젝트(Super facility Project)를 시작했으며, 이를 통해 미국 스탠포드국립가속기연구소(SLAC)의 4세대 방사광가속기(LCLS)를 이용한 실시간 코로나바이러스 구조 분석 연구를 수행했다. 이 프로젝트는 실험 데이터를 실시간으로 수집, 전송, 분석하여 연구 속도를 획기적으로 향상했다.

또 다른 사례로, 미국 프린스턴대학의 핵융합연구소(PPPL)와 오크리지 국립연구소(ORNL, Oak Ridge National Laboratory) 핵융합 팀은 한국 초전도 토카막 핵융합 장치(KSTAR, Korea Superconducting Tokamak Advanced Research) 시설과 연계하여 핵융합 실험을 수행했다. 이들은 초고속 네트워크를 통해 실험 데이터를 실시간으로 전송받아 분석하고, 실험 조건을 원격으로 조정하는 데 성공했다. 이는 국제 협력 연구에서 슈퍼 퍼실리티 개념의 적용 가능성을 보여 주는 좋은 예다.

슈퍼 퍼실리티 도입의 가장 큰 장점은 연구 생산성의 대폭 향상이다. 기존에는 실험 데이터 분석에 6개월 이상이 소요되었지만, 슈퍼 퍼실리티를 통해 이를 1~2주 내로 단축할 수 있다. 이는 최소 15배 이상의 생산성 향상을 의미한다. 또, 실시간 데이터 분석을 통해 고품질의 연구 데이터를 신속하게 획득할 수 있으며, 실험 기법을 실시간으로 수정하고 보완할 수 있다. 이는 연구의 질적 향상으로 이어진다.

슈퍼 퍼실리티의 또 다른 중요한 이점은 연구 시설 운영의 최적화다. 실시간 데이터 분석과 AI 기술을 활용하여 실험 조건을 지속적으로 최적화할 수 있으며, 이는 시설 가동률과 효율성의 대폭 향상으로 이어진다. 또한, 예측 유지 보수가 가능해져 시설의 다운타임을 최소화할 수 있다.

슈퍼 퍼실리티 개념은 연구자들의 작업 방식도 변화시킨다. 연구자들은 더 이상 실험 데이터를 수동으로 수집하고 분석하는 데 시간을 쏟을 필요가 없다. 대신, 실시간으로 제공되는 분석 결과를 바탕으로 더 높은 수준의 과학적 해석과 의사 결정에 집중할 수 있다. 이는 연구의 창의성과 혁신성을 높이는 데 기여한다.

또한 슈퍼 퍼실리티는 다학제 간 연구를 촉진할 수 있다. 서로 다른 분야의 연구자들이 동일한 데이터 세트를 실시간으로 공유하고 분석할 수 있어, 새로운 관점에서의 해석과 협업이 가능해진다. 이는 복잡한 과학적 문제를 해결하는 데 큰 도움이 될 수 있다.

슈퍼 퍼실리티 구축은 단순히 연구 생산성 향상을 넘어 과학 연구의 패러다임을 변화시키는 혁명적인 접근법이다. 이를 통해 더 빠르고, 더 정확하며, 더 혁신적인 연구 성과를 창출할 수 있을 것으로 기대된다. 그러나 이러한 변화를 성공적으로 이끌기 위해서는 적절한 인프라 구축, 연구자 교육, 기관 간 협력이 필수다. 또 데이터 보안, 윤리적 고려 사항, 인간 연구자의 역할 재정립 등 여러 과제도 함께 고민해야 할 것이다.

참고문헌

양훼영(2017.8.2). 한국 인공태양, 미국과 실시간 공동연구 한다. YTN 사이언스. https://m.science.ytn.co.kr/program/view.php?mcd=0082&key=201708021502037623

Bard, D., et al.(2024). The Superfacility Concept. https://www.nersc.gov/research-and-development/superf

acility/

Ceder, G. & Ghahramani, Z.(2024). The Role of AI in Modern Scientific Research. *Journal of Artificial Intelligence Research*, 57(1), pp.22–39.

Labguru(2023). Advantages of Integrating an SDMS with LIMS & ELN. Labguru. https://www.labguru.com

LabVantage Solutions(2024). Complete Lab Informatics Platform: LIMS, ELN, LES, SDMS. LabVantage. https://www.labvantage.com/informatics/

Lu, C., et al.(2024). The AI Scientist: Towards Fully Automated Open-Ended Scientific Discovery. https://arxiv.org/abs/2408.06292

Ruby Barcklay (2023). Revolutionizing How We Do Science: The Superfacility Story. https://research.lbl.gov/2023/12/12/revolutionizing-how-we-do-science-the-superfacility-story/

TetraScience(2023). ELN/LIMS as the Data Layer for AI/Analytics: Pros and Cons. TetraScience. https://www.tetrascience.com

07
대화형 AI를 활용한 연구 데이터 분석 및 시각화

이 장에서는 대화형 AI를 활용한 데이터 처리와 분석 방법을 소개한다. 챗지피티 등의 AI 도구가 데이터 전처리, 분석, 시각화 과정을 간소화하고 자동화하는 방법을 설명한다. 자연어 명령을 통한 복잡한 데이터 처리, AI를 이용한 데이터 생성 및 라벨링, 그리고 고급 데이터 분석 및 기계학습 모델 개발 과정을 다루어 연구자들의 AI 활용 능력 향상을 돕는다.

AI와 윤동주?

대화형 AI를 활용한 데이터 전처리 및 생산

데이터 전처리는 분석 전 데이터를 깨끗하고 일관된 형태로 만드는 과정이다. 이 과정은 지루하고 시간이 오래 걸릴 수 있지만, 챗지피티(ChatGPT)와 같은 대화형 AI를 활용하면 이 작업을 훨씬 쉽게 수행할 수 있다.

챗지피티를 이용한 데이터 정제 및 변환 코드 생성 시, 자연어로 작업을 설명할 수 있다. 예를 들어 CSV 파일에서 결측값을 제거하고, '나이' 열의 이상치를 제거한 후, '성별' 열을 인코딩하는 파이선(Python) 코드를 요청하거나 전처리를 수행할 수 있다. 설문조사에서 설문자들이 전화번호 등의 형식을 다르게 입력한 경우에 생성 AI를 이용하여 간단하게 수정할 수 있다. 자연어 명령을 통한 복잡한 데이터 처리 과정도 간소화할 수 있다. 예를 들어 여러 엑셀 시트의 데이터를 하나로 합치고, 각 행에 원래 시트 이름을 새로운 열로 추가한 후, 날짜 열을 기준으로 정렬하는 작업도 자연어로 설명하면 챗지피티가 이해하고 적절한 코드를 제공할 수 있다.

그림에서 데이터를 추출하는 것도 가능하다. 예를 들어 카메라로 찍은 표를 다시 엑셀과 같은 구조화된 데이터로 손쉽게 변환 가능하며, 카메라로 찍은 영수증 사진에서 필요한 정보들을 자동으로 추출하는 것이 가능하다.

이렇게 변환된 데이터는 엑셀에서 진행해야 했던 많은 작업을 언어로 처리할 수 있다. 예를 들어 엑셀에서 IF, VLOOKUP, COUNTIF 등의 함수를 사용해서 구현하던 기능을 "학생 성적 데이터를 총점에 대해서 내림차순으로 정렬하고 90점 이상이면 A, 80점 이상이면 B로 값을 채워 줘" 식의 간단한 질의로 대체할 수 있다. 파이선 코드에서는 팬더스(Pandas) AI를 활용하여 대화 방식으로 데이터를 처리하는 것이 가능하다. 결측치 처리, 입력 데이터 오류 수정 등의 전처리 작업을 AI에서 요청하면, 이를 수행하는 코드를 생성하고 실행해 준다. 작업이 끝난 후 저장된 결과를 다시 컴퓨터로 내려받을 수 있다.

대화형 AI를 사용하면 연구에 필요한 데이터를 생산하고 번거로운 라벨링 작업을 자동화할 수 있다. 대화형 AI를 활용한 데이터 생산 및 라벨링은 연구자들에게 큰 도움이 된다.

예를 들어 원자력 도메인을 위한 소형언어모델을 개발하고자 할 때, 직접 데이터를 수집할 수도 있지만 부족한 부분을 챗지피티 등의 거대 인공지능 모델을 활용하여 생산하는 것이 가능하다. 이는 특히 희소한 데이터나 특정 도메인의 전문적인 데이터를 생성할 때 유용하다.

데이터 라벨링 부분에서는 더 큰 도움을 받을 수 있다. 기존에는 데이터의 라벨링은 인간이 수행하므로 많은 비용과 시간이 필요했지만, 거대 인공지능 서비스를 활용하면 저렴하게 양질의 라벨링이 가능하다. 예를 들어, 임베딩 모델을 학습하기 위해 기존 문장을 변형(패러프레이징)하거나 주어진 텍스트 데이터에서 질의응답 세트를 생성하는 등의 응용이 가능하다.

또 다른 예로, 이미지 분류 모델을 위한 데이터 세트를 만들 때 AI를 활용할 수 있다. 대량의 이미지에 대해 AI가 초기 라벨을 제안하고, 연구자는 이를 검토하고 필요 시 수정하는 방식으로 작업 효율을 크게 높일 수 있다.

이러한 방식으로 거대 인공지능이 '스승' 역할을 하여 작은 '제자' AI 모델을 가르치는 것은 데이터 부족과 라벨링 비용 문제를 해결할 수 있는 효과적인 방법이다. 하지만 '스승' 역할의 AI가 가진 능력 이상으로 '제자'를 가르치는 것은 불가능하며 '스승'이 가진 편향성을 주의하여야 한다. 또한 생성된 데이터를 계속 활용했을 때 모델이 붕괴되는 현상도 주의하여야 한다.

대화형 AI를 활용한 데이터 분석 및 시각화

고전적인 데이터 분석 문제에서도 AI는 큰 도움이 된다. 현재 대화형 AI 서비스는 대부분 csv 등의 데이터 파일을 업로드하는 것이 가능하며, AI를 활용하여 탐색적 데이터 분석(EDA, Exploratory Data Analysis)부터 인공지능 모델 생성까지의 과정을 자동화할 수 있다.

예를 들어 타이태닉 생존자 데이터 세트를 챗지피티에 올린 후 "이 데이터 세트를 이용해 EDA(Exploratory Data Analysis, 탐색적 데이터 분석)를 수행하고 생존자를 예측하는 기계학습 모델을 만들어 줘"라고 요청하면, AI는 데이터 로딩, 기본적인 통계 분석, 시각화, 전처리, 모델 선택 및 학습, 성능 평가 등의 과정을 수행하는 코드를 생성하고 실행 결과를 보여 준다.

또 대화형 AI는 데이터를 효과적으로 시각화하고 분석하는 데 큰 도움을 준다. 특히 연구 결과를 설명하는 차트, 그래프, 다이어그램 등을 자동으로 생성하고, 복잡한 데이터 세트를 직관적으로 이해할 수 있는 시각 자료로 변환할 수 있다. 예를 들어 "연도별 이산화탄소(CO_2) 배출량 데이터를 나타내는 선 그래프를 만들어 줘. x축은 연도, y축은 이산화탄소 배출량(백만 톤 단위)이야. 그래프 제목은 '연간 CO_2 배출량 추이'로 해 줘"라고 요청하면, AI는 이해하기 쉬운 파이선 코드를 생성하여 원하는 그래프를 만들 수 있다.

텍스트 데이터의 경우에 한눈에 잘 보이도록 워드클라우드 형태로 정리하는 것도 가능하다. 예를 들어 "원자력 분야의 인공지능 활용 사례를 검색하여 조사해서, 워드클라우드 이미지를 그려 줘"라고 지시하면 관련된 사이트를 검색하고 검색된 결과를 바탕으로 워드클라우드 이미지를 생성해 준다.

대화형 AI를 활용하면 이러한 지리 공간 데이터 분석과 시각화를 손쉽게 할 수 있다. 폴리움(Folium)은 파이선에서 인터랙티브한 지도를 생성할 수 있게 해 주는 도구로, AI와 결합하여 강력한 지리 공간 시각화 기능을 제공한다. 예를 들어 "올해 인공지능 국제 행사 10개를 검색해서 표로 정리한 후 폴리움으로 시각화해 줘"라는 요청을 챗지피티에 전달하면, AI는 검색 엔진을 통하여 행사 정보를 표로 정리한 이후에 이것을 폴리움 라이브러리를 이용하여 시각적으로 표시하여 웹페이지 형태로 시각화한다.

클로드 AI(Claude.AI)의 아티팩트(Artifact) 기능을 활용하면 이러한 데이터를 실시간으로 시각화하는 웹페이지를 만들 수 있다. 예를 들어 "전 세계 인구 밀도를 시각화하여 웹페이지로 보여 줘"라는 지시를 내리면 반응형 막대그래프를 생성하여 웹페이지로 타인과 공유할 수 있다.

생성 AI로 AI 기술에 익숙하지 않은 연구자들도 고급 기계학습 기법을 자신의 연구에 쉽게 적용할 수 있게 되었다. 데이터 전처리부터 모델 아키텍처 설계, 하이퍼파라미터 최적화, 모델 해석, 그리고 코드 생성 및 최적화에 이르기까지 AI 모델 학습의 전 과정에서 생성 AI의 도움을 받을 수 있다. 예를 들어 "업로드한 데이터의 주성분 분석을 수행해 줘"와 같은 간단한 요청만으로도 번거로운 데이터 분석 과정을 자동화할 수 있다.

AI 모델 구조 설계에서도 생성 AI는 큰 도움을 준다. "해당 이미지 데이터를 분류하기 위한 합성곱 신경망(CNN, Convolutional Neural Network) 구조를 설계해 줘"라는 요청에 대해 AI는 데이터의 특성을 고려한 효율적인 네트워크 구조를 제안할 수 있으며 "기존 코드의 CNN 구조를 더욱 복잡하게 만들어 줘"라고 지시를 내리면 기존 코드를 수정해 준다.

이러한 생성 AI의 활용은 연구자의 생산성을 크게 향상하고, AI 모델 개발 과정을 가속한다. 더불어, AI 기술에 익숙하지 않은 연구자들도 고급 기계학습 기법을 자신의 연구에 쉽게 적용할 수 있게 해 준다.

참고문헌

Coello, C. E. A., et al.(2024). Effectiveness of ChatGPT in Coding: A Comparative Analysis of Popular Large Language Models. Digital, 4(1), pp.114–125.

Hassani, H. & Silva, E. S.(2023). The Role of ChatGPT in Data Science: How AI–Assisted Conversational Interfaces Are Revolutionizing the Field. *Big Data and Cognitive Computing*, 7(2), p.62.

Nature Editorial Board(2023). ChatGPT for science: how to talk to your data. Nature. https://www.nature.com/articles/d41586-024-02386-6

Piccolo, S. R., et al.(2023). Many bioinformatics programming tasks can be automated with ChatGPT. arXiv preprint.

Sahlgren, M. & Ceder, C.(2024). Investigating Code Generation Performance of ChatGPT with Crowdsourcing Social Data. IEEE Xplore Conference Publication.

08
AI를 활용한 연구 행정의 자동화

이 장에서는 AI 기술을 활용한 연구 활동 지원 방법을 다룬다. 다중모달 AI를 이용한 시각적 자료 생성과 내용 요약, 연구 행정 업무 자동화, AI 기반 연구 행정 도우미 활용 등을 소개한다. 이러한 도구들이 연구자의 업무 효율성을 높이고, 복잡한 행정 절차를 간소화하며, 연구에 더 집중할 수 있게 도와주는 방법을 설명한다. 동시에 AI 활용 시 주의해야 할 점들도 함께 제시한다.

AI와 한의학?

다중모달 AI를 활용한 시각적 자료 생성 및 내용 요약

연구 활동에서 복잡한 개념을 효과적으로 전달하기 위해 시각적 자료는 필수다. 최근 다중모달(multi-modal) AI 기술의 발전으로 이러한 시각적 자료 생성과 내용 요약이 훨씬 쉬워졌다. 이들 모델은 텍스트, 이미지, 음성 등 다양한 형태의 데이터를 동시에 처리하고 생성할 수 있어 연구자들에게 강력한 도구가 되고 있다. 예를 들어 지피티포오(GPT4o)와 같은 모델은 텍스트 설명을 바탕으로 이미지를 생성하거나, 반대로 이미지를 분석하여 상세한 설명을 제공할 수 있다. 이는 연구 결과의 시각화나 복잡한 데이터 분석에 큰 도움이 된다.

연구 발표나 논문에 필요한 이미지 생성에도 AI가 큰 도움을 준다. 달리(DALL-E), 미드저니(Midjourney), 스테이블 디퓨전(Stable Diffusion) 등의 AI 이미지 생성 도구들은 텍스트 설명만으로 고품질의 이미지를 만들어 낼 수 있다. 복잡한 분자 구조나 실험 장치를 설명하는 이미지가 필요할 때, 연구자가 이를 텍스트로 상세히 설명하면 AI가 그에 맞는 이미지를 생성한다. 이렇게 생성된 이미지는 기본 틀로 사용하고, 연구자가 세부적인 부분을 수정하여 완성도를 높일 수 있다. AI 생성 이미지를 논문이나 공식 발표에 사용할 때는 저작권 및 윤리적 문제를 반드시 고려해야 하며, 일부 학술지에서는 생성 AI로 만든 이미지를 금지하고 있으므로 사전에 학술지의 투고 규정을 확인하여야 한다. 최근 논문에 사용된 AI 그림의 내용이 잘못되어 논란이 된 사건이 있었다. 연구자는 의도대로 그림이 그려졌는지 면밀하게 검토하여야 한다.

내용 요약과 정리에도 AI가 큰 역할을 한다. 챗지피티(ChatGPT), 클로드(Claude) 등의 대화형 AI 모델들은 긴 텍스트를 입력받아 핵심 내용을 간결하게 요약해 주는 기능을 제공한다. 이를 활용하면 긴 연구 보고서나 논문의 주요 내용을 빠르게 파악할 수 있다. 예를 들어, 전체 텍스트를 AI에 입력하고 주요 내용을 글머리 기호(Bullet Point)로 요약해 달라고 요청하면, AI는 핵심들을 간결하게 정리해 준다. 이렇게 생성된 요약을 바탕으로 연구자는 효율적으로 리뷰를 진행하거나 발표 자료를 준비할 수 있다. 또, 요약된 내용 중 더 자세한 설명이 필요한 부분에 대해 추가 질문을 하면 AI가 해당 부분에 대한 상세 정보를 제공해 준다.

이러한 AI 기술은 문서 처리 자동화에도 크게 기여하고 있다. OCR(광학 문자 인식) 기술과 AI를 결합하여 연구 보고서나 실험 데이터를 자동으로 디지털화하고 분류할 수 있다. 이는 연구자들이 데이터 입력이나 문서 정리와 같은 반복적인 작업에 소비하는 시간을 크게 줄여준다. 예를 들어 수기로 작성된 실험 노트를 스캔하면 AI가 이를 텍스트로 변환하고, 주요 내용을 자동으로 카테고리화하여 검색할 수 있는 형태로 저장할 수 있다. 이를 통해 연구자들은 방대한 양의 문서를 효율적으로 관리하고, 필요한 정보를 신속하게 찾아낼 수 있게 된다.

회의록 작성에도 AI 기술이 활발히 사용되고 있다. 클로바노트, 오터ai(Otter.ai), 파이어플라이스ai(Fireflies.ai) 등의 AI 기반 음성 인식 및 전사 도구들은 실시간으로 대화를 텍스트로 변환하고, 주요 내용을 자동으로 요약해 준다. 연구 미팅이나 세미나 중 이러한 도구를 실행해 두면, 회의가 끝난 후 AI가 생성한 텍스트와 요약본을 바로 확인할 수 있다. 연구자는 이를 검토하고 필요한 경우 내용을 수정하거나 추가적인 액션 아이템을 보완할 수 있다. 이렇게 작성된 회의록은 참석자들과 공유하여 논의 내용을 효과적으로 전달하고 후속 조치를 하는 데 활용할 수 있다.

감마(Gamma), 뷰티풀 ai(Beautiful.ai)와 같은 AI 기반 프레젠테이션 도구들은 연구자가 핵심 내용만 입력하면 자동으로 전문적인 파워포인트(PPT)를 생성해 준다. 이들 도구는 텍스트 입력을 분석하여 적절한 슬라이드 구조를 제안하고, 관련 이미지와 차트를 자동으로 추가한다. 예를 들어 연구 결과에 대한 개요를 입력하면 AI가 이를 바탕으로 각 슬라이드의 레이아웃을 최적화하고, 데이터를 시각화하여 효과적인 프레젠테이션을 만들어 낸다.

연구 행정 자동화를 위한 AI 활용

연구 행정 업무의 자동화는 연구자들이 핵심 연구 활동에 더 집중할 수 있게 해 준다. 자피어(Zapier), 메이크닷컴(Make.com), 마이크로소프트 파워 오토메이트(Microsoft Power Automate)는 이러한 자동화를 가능케 하는 대표적인 도구들이다. 이들은 복잡한 코딩 없이도 다양한 앱과 서비스를 연결하여 작업 흐름을 자동화할 수 있게 해 준다. 예를 들어 이메일 관리, 데이터 수집 및 정리, 일정 관리 등의 반복적인 작업을 자동화할 수 있다. 특정 키워드가 포함된 이메일을 자동으로 분류하거나, 온라인 설문 응답을 자동으로 스프레드시트에 기록하고 응답자에게 감사 이메일을 발송하는 등의 작업이 가능하다.

특히 마이크로소프트 파워 오토메이트는 마이크로소프트 365 생태계와 긴밀하게 통합되어 있어, 연구 기관에서 널리 사용되는 오피스(Office) 앱들과의 연동이 용이하다. 예를 들어 셰어포인트(SharePoint)에 새 문서가 업로드되면 자동으로 관련 팀원들에게 팀스(Teams) 메시지를 보내거나, 엑셀(Excel) 스프레드시트의 데이터 변경 사항을 자동으로 추적하여 보고서를 생성하는 등의 작업을 쉽게 자동화할 수 있다. 또한, 파워 오토메이트는 AI 빌더(Builder)라는 기능을 통해 문서 처리, 객체 감지, 예측 모델링 등의 AI 기능을 자동화 흐름에 통합할 수 있어, 더욱 고급화된 자동화가 가능하다.

챗지피티 등 대규모 언어 모델의 등장으로 이러한 자동화 도구들의 능력이 한층 더 확장되었다. 이제 이들 도구와 챗지피티를 연동하면, 단순 반복 작업을 넘어 보다 복잡하고 지능적인 작업까지 자동화할 수 있게 되었다. 예를 들어, 자피어나 파워 오토메이트를 통해 특정 조건이 충족되면 챗지피티 API를 호출하여 연구 보고서 초안을 생성하고, 이를 자동으로 관련 팀원들에게 검토 요청을 보내는 워크플로를 만들 수 있다. 또는 실험 데이터가 데이터베이스에 입력되면 챗지피티가 이를 분석하여 기본적인 해석을 제공하고, 그 결과를 자동으로 연구 노트에 기록하는 등의 작업도 가능하다.

이러한 AI 기반 자동화는 연구비 관리 측면에서도 큰 도움이 된다. 예를 들어, 영수증 이미지를 인식하여 자동으로 경비 보고서를 작성하고, 챗지피티를 활용해 지출 명세에 대한 간단한 설명을 생성한 뒤, 이를 회계 시스템에 자동으로 입력하는 등의 복잡한 프로세스를 구축할 수 있다. 또, 연구비 사용 현황 데이터를 AI가 분석하여 향후 예산 사용에 대한 제안을 자동으로 생성하는 등 더욱 지능적인 재무 관리가 가능해진다.

이러한 자동화 도구들은 연구자 매칭 및 협업 지원에도 활용될 수 있다. AI 알고리즘은 연구자들의 논문, 프로젝트 이력, 관심 분야 등을 분석하여 적합한 연구 파트너를 추천하거나 새로운 협업 기회를 식별할 수 있다. 예를 들어 대학 내 연구자 데이터베이스와 연동된 AI 시스템이 유사한 연구 주제를 가진 연구자들을 자동으로 연결해 주거나, 외부 연구 기관과의 협력 가능성을 제안할 수 있다. 이는 학제 간 연구를 촉진하고 연구 네트워크를 확장하는 데 큰 도움이 된다. 더 나아가, 이러한 시스템은 연구 공모 정보를 분석하여 연구자의 전문성과 일치하는 공모 기회를 자동으로 추천할 수도 있다.

AI 기반 연구 행정 도우미

연구 활동을 수행하면서 연구자들은 종종 복잡한 규정과 절차에 직면하게 된다. 특히 연구비 집행이나 정산 과정에서 관련 규정을 정확히 이해하고 준수하는 것은 매우 중요하다. 이러한 상황에서 AI 기술은 연구자들에게 큰 도움을 줄 수 있다.

챗지피티 등의 생성 인공지능은 상세한 연구비 규정을 학습하지 않아 정확하지 않은 답변을 얻을 수 있다. 이런 경우 지피티에스(GPTs)와 기존 규정 문서를 결합한 나만의 챗봇을 만들어 활용할 수 있다. 저자는 국가연구개발혁신법 문서를 사용하여 단 5분 만에 국가연구개발혁신법 QnA 챗봇을 만들어 활용하고 있다. 놀라운 점은 간단하게 제작한 챗봇이 연구관리팀 담당자도 즉각적으로 대답하기 어려운 복잡한 질문에 대해서도 정확하고 상세한 답변을 제공한다는 것이다.

이처럼 AI는 연구자들이 연구 수행 과정에서 마주치는 다양한 행정적 문의에 신속하게 대응할 수 있게 해 준다. 예를 들어 특정 비용 항목의 집행 가능 여부, 연구비 정산 시 주의 사항, 연구 성과물 관리에 관한 규정 등 다양한 질문에 대해 즉각적이고 정확한 답변을 제공한다. 이를 통해 연구자들은 복잡한 규정을 일일이 찾아보는 데 소요되는 시간을 절약하고, 규정 위반의 위험을 줄일 수 있다.

더욱이 이 AI 도우미는 24시간 이용할 수 있으며, 동시에 여러 연구자의 질문에 대응할 수 있다는 장점이 있다. 이는 특히 긴급한 의사 결정이 필요한 상황이나 업무 시간 외에 발생하는 문의에 대해 매우 유용하다.

그러나 이러한 AI 도구를 활용할 때는 몇 가지 주의해야 할 점이 있다. 첫째, 현재 AI의 한계로 답변이 항상 100퍼센트 정확하다고 가정해서는 안 된다. AI의 답변을 참고하되, 최종적으로는 관련 부서의 확인을 받는 것이 안전하다. 둘째, 개인정보나 민감한 연구 정보를 AI 시스템에 입력할 때는 보안에 각별히 주의해야 한다.

참고문헌

국가연구개발 혁신법 Q&A GPTs, https://chatgpt.com/g/g-b2FTrAuhB-guggayeongugaebal-hyeogsinbeob-q-a

Gamma(2024). https://gamma.app

Microsoft(2024). Microsoft Power Automate https://powerautomate.microsoft.com

Otter.ai(2024). Otter Voice Meeting Notes. https://otter.ai

Preece, J.(2022). The integration of AI and OCR technologies in digital humanities. *Digital Humanities Quarterly*, 16(3),

pp.56-72.
Zapier(2024). https://zapier.com

09
AI 활용의 윤리적 고려 사항과 주의점

이 장에서는 AI를 연구에 활용할 때 고려해야 할 윤리적 문제와 신뢰성 검증 방법을 다룬다. AI 사용의 투명성과 재현성 확보, 정보의 정확성 검증, 개인정보 보호와 지식재산권 문제 등을 상세히 설명한다. 또한 AI에 대한 과도한 의존의 위험성을 지적하고, 연구자의 비판적 사고력 유지와 AI의 한계 인식의 중요성을 강조한다. 마지막으로 AI 시대에 인간 연구자의 역할 재정립과 AI와의 효과적인 협업 방안을 제시한다.

AI와 화장품?

AI 활용 연구의 윤리적 고려 사항과 신뢰성 검증

AI 기술의 발전으로 연구 분야에서 AI 활용이 증가하고 있다. 하지만 이로 인해 새로운 윤리적 문제와 신뢰성 검증의 필요성이 생기고 있다. AI를 활용한 연구를 수행할 때는 투명성과 재현성이 가장 중요하며 이는 연구의 신뢰성과 연결된다. 연구 논문이나 보고서에 사용한 AI 모델의 이름, 버전, 그리고 학습에 사용된 데이터 세트를 명확히 기술해야 한다. 또한 연구의 어떤 부분에서 AI를 활용했는지 구체적으로 설명해야 한다. 예를 들어, "데이터 전처리 단계에서 GPT4o-0806 API를 활용하여 텍스트 데이터의 노이즈를 제거하였으며, 결과 분석 단계에서 텍스트 군집화를 수행하였음"과 같이 기술할 수 있다. 사용한 AI 모델의 알려진 한계점이나 편향성에 대해서도 언급해야 한다. 이는 연구 결과의 해석에 큰 영향을 미칠 수 있기 때문이다.

AI가 제공하는 정보의 정확성은 항상 검증되어야 한다. 예를 들어 AI가 제공한 정보를 다른 신뢰할 수 있는 출처와 교차 검증할 수 있다. 예를 들어, AI가 제시한 통계 데이터를 공식 통계 사이트의 데이터와 대조해 볼 수 있다. 또한 AI가 제공한 정보를 해당 분야의 전문가에게 검토받는 것도 필요하다. 만약 다중 AI 모델의 활용이 가능하다면 여러 AI 모델을 사용하여 결과를 비교하는 것도 오류를 줄일 수 있는 방법이다. 예를 들어, 챗지피티(ChatGPT)와 클로드 ai(Claude.ai) 모델을 모두 사용하여 결과를 대조해 볼 수 있다.

논문 심사와 과제 평가에서의 AI 활용은 특히 민감한 문제다. 많은 연구자들(43.8%)이 이를 비밀 유지 위반으로 보고 있다(한국연구재단, 2023). 논문 심사와 과제 평가 과정에서 AI를 활용할 경우, 해당 내용이 외부로 유출되지 않도록 철저한 보안 조치가 필요하다. 클라우드 기반 AI 서비스 사용 시 특히 주의가 필요하다. AI는 보조 도구로만 사용되어야 하며, 최종 판단은 반드시 인간 심사자가 해야 한다. AI의 분석 결과를 맹목적으로 따르지 않도록 주의가 필요하다.

AI를 연구에 활용할 때는 그 장점을 최대한 활용하면서도 윤리적 문제와 신뢰성 검증에 특별한 주의를 기울여야 한다. 연구자들은 투명성, 재현성, 신뢰성 검증, 그리고 윤리성 문제를 항상 염두에 두고 AI를 책임감 있게 활용해야 할 것이다.

AI 사용 시 개인정보 보호와 지식재산권

AI를 연구에 활용할 때 개인정보 보호와 지식재산권 문제는 매우 중요한 이슈다. 많은 연구자가 이 문제에 대해 우려를 표하고 있으며, 특히 59퍼센트의 연구자들이 AI가 지식재산권을 훼손할 수 있다고 생각한다고 우려를 표하고 있다. 옥스퍼드 대학출판부는 학술 연구자 2345명을 대상으로 AI 활용에 대해서 조사해 본 결과 59퍼센트의 연구자들이 AI가 지식재산권을 훼손할 수 있다고 발표하였다(Oxford University Press). 이러한 문제를 해결하기 위해서는 철저한 데이터 관리와 법적, 윤리적 가이드라인 준수가 필요하다.

연구 데이터의 익명화와 비식별화는 개인정보 보호를 위한 첫 번째 단계다. 개인을 식별할 수 있는 정보를 제거하거나 대체하는 과정을 거쳐야 한다. 예를 들어 의료 연구에서 환자의 이름, 주소, 주민등록번호 등을 제거하고 대신 임의의 식별자를 사용할 수 있다. 그러나 단순히 이름을 제거하는 것만으로는 충분하지 않을 수 있다. 여러 정보를 조합하여 개인을 식별할 수 있는 가능성을 고려해야 한다.

클라우드 기반 AI 서비스 사용 시에는 특별한 주의가 필요하다. 데이터가 외부 서버로 전송되므로 보안 위험이 증가한다. 따라서 데이터 암호화, 안전한 전송 프로토콜 사용, 서비스 제공업체의 보안 정책 확인 등이 필요하다. 가능하다면 내부 시스템에서만 데이터를 처리할 수 있도록 개별 구축 해법을 고려해 볼 수 있다.

AI로 생성된 콘텐츠와 관련된 저작권 문제도 중요한 이슈다. AI가 생성한 논문, 이미지, 코드 등의 저작권이 누구에게 있는지, 이를 어떻게 사용해야 하는지에 대한 명확한 가이드라인이 필요하다. 현재 많은 국가에서 AI 생성 콘텐츠의 저작권에 대한 법적 기준이 명확하지 않다.

AI 학습 데이터와 관련된 저작권 문제도 있다. AI 모델을 학습시키기 위해 사용된 데이터에 저작권이 있는 경우, 이를 어떻게 처리해야 하는지가 문제다. 일부에서는 AI 학습을 위한 데이터 사용은 '공정 사용'에 해당한다고 주장하지만, 이에 대한 법적 해석은 국가마다, 상황에 따라 다를 수 있다.

지식재산권 보호를 위한 가이드라인으로는 다음과 같은 것들이 있다. 첫째, AI를 사용할 때 항상 출처를 명시한다. 둘째, AI 생성 콘텐츠를 사용할 때는 가능한 한 원본을 수정하거나 재창작하여 독창성을 부여한다. 셋째, AI 학습 데이터로 사용할 콘텐츠는 가능한 한 오픈 라이선스가 적용된 것을 사용한다. 넷째, 연구 결과를 발표할 때 AI의 기여도를 명확히 밝힌다.

AI를 활용한 연구에서 개인정보 보호와 지식재산권 문제는 지속적으로 발전하고 있는 분야다. 따라서 연구자들은 관련 법규와 가이드라인의 변화를 주시하고, 필요한 경우 법률 전문가의 조언을 구해야 한다. 또 연구 기관이나 학회 차원에서 AI 활용에 대한 윤리 지침을 마련하고 정기적으로 업데이트하는 것이 중요하다. 이러한 노력을 통해 AI의 혜택을 최대한 활용하면서도 개인의 권리와 창작자의 권리를 보호할 수 있을 것이다.

AI 의존도 증가에 따른 위험성과 대응 방안

AI의 활용이 급격히 증가하면서 연구 효율성을 높이고 새로운 인사이트를 제공하는 등 많은 이점도 있지만 여러 가지 위험성도 대두되고 있다. 특히 AI에 대한 과도한 의존은 연구의 질을 저하하고 연구자의 역량을 약화할 수 있다.

AI 결과에 대한 과도한 신뢰는 가장 큰 위험 요소 중 하나다. AI 모델은 때때로 '할루시네이션(hallucination)'이라 불리는 오류를 범하여 그럴듯해 보이지만 사실은 잘못된 정보를 제공할 수 있다. 예를 들어 대화형 AI 모델은 존재하지 않는 연구 논문을 인용하거나, 실제로 일어나지 않은 사건을 사실인 것처럼 서술할 수 있다. 이러한 오류를 검증 없이 받아들일 경우, 연구의 신뢰성이 크게 훼손될 수 있다.

이를 방지하기 위해서는 AI 모델의 한계와 잠재적 오류 가능성을 항상 염두에 두고 AI가 제공하는 모든 정보를 비판적으로 검토하는 습관이 필요하다. 특히 중요한 정보나 주장의 경우, 반드시 원천 자료를 확인해야 한다. 또 AI의 결과를 다른 출처와 교차 검증하는 것도 좋은 방법이다.

연구자의 비판적 사고력 약화도 우려되는 부분이다. AI에 지나치게 의존하면 스스로 문제를 분석하고 해결하는 능력이 퇴화할 수 있다. 이는 장기적으로 연구의 질을 저하하고 혁신적인 아이디어의 창출을 방해할 수 있다. 이를 예방하기 위해서는 AI를 보조 도구로 활용하되, 핵심적인 사고와 의사 결정은 연구자가 직접 수행해야 한다. 예를 들어 연구 주제를 선정하거나 가설을 설정할 때는 AI의 제안을 참고하되, 최종 결정은 연구자의 전문성과 직관에 기반하여 내려야 한다.

AI의 한계를 인식하고 연구자의 전문성을 강화하는 것도 중요하다. AI는 데이터에 기반한 패턴 인식과 예측에는 뛰어나지만, 창의적 사고나 윤리적 판단 등 인간 고유의 능력이 필요한 영역에서는 한계가 있다. 따라서 연구자는 AI가 잘하는 부분과 그렇지 않은 부분을 명확히 구분하고, 각각에 맞는 활용 전략을 세워야 한다.

예를 들어 대량의 데이터 처리나 반복적인 계산 작업은 AI에 맡기고, 연구자는 결과의 해석과 의미 부여에 집중할 수 있다. 또 AI가 제안한 해결책을 비판적으로 평가하고, 필요한 경우 창의적으로 수정하는 능력을 키워야 한다. 이를 위해 지속적인 학습과 훈련이 필요하며, 특히 AI가 아직 미숙한 영역에서의 전문성을 강화하는 것이 중요하다.

인간 연구자의 역할과 가치를 재정립하는 것도 AI 시대에 중요한 과제다. AI의 발전으로 일부 연구 작업이 자동화되면서, 연구자들은 자신의 고유한 가치에 대해 고민하게 된다. 그러나 연구의 본질적인 부분, 즉 창의적 아이디어의 생성, 윤리적 판단, 복잡한 맥락의 이해 등은 여전히 인간 연구자의 몫이다.

따라서 연구자들은 이러한 고유한 능력을 더욱 발전시키는 데 주력해야 한다. 예를 들어 학제 간 연구를 통해 다양한 분야의 지식을 융합하는 능력, 사회적 맥락을 고려한 연구 주제 선정 능력, 연구 결과의 윤리적 함의를 평가하는 능력 등을 키울 수 있다. 또 AI와의 협업 능력도 중요한 스킬이 될 것이다. AI의 강점을 이해하고 이를 효과적으로 활용하면서, 동시에 AI의 한계를 보완할 수 있는 능력이 필요하다.

AI를 단순한 도구가 아닌 협력자로 인식하고, AI와 인간 연구자의 강점을 상호 보완적으로 활용하는 전략이 필요하다. 이를 통해 연구의 효율성과 질을 높이면서도, 인간 연구자의 고유한 가치와 역할을 유지할 수 있을 것이다. 지속적인 학습과 성찰, 그리고 윤리적 고려를 바탕으로 AI와 공존하는 연구 환경을 만들어 가는 것이 앞으로의 과제다.

참고문헌

한국연구재단(2023). 대학 교원의 연구윤리 인식수준. https://webzine.nrf.re.kr/magazine/2403/sub_1_03.php

Binns, R.(2018). Fairness in machine learning: Lessons from political philosophy. Proceedings of the 2018 Conference on Fairness, Accountability, and Transparency(pp. 149-159).

Crawford, K., & Calo, R. (2016). There is a blind spot in AI research. *Nature*, 538(7625), pp.311-313.

Kaminski, M. E. & Malgieri, G.(2021). Algorithmic impact assessments under the GDPR: Producing multi-layered explanations. *International Data Privacy Law*, 11(2), pp.125-145.

Marcus, G. & Davis, E. (2020). *Rebooting AI: Building artificial intelligence we can trust.* Pantheon Books.

Mittelstadt, B. D., et al.(2016). The ethics of algorithms: Mapping the debate. *Big Data & Society*, 3(2), pp.1-21.

Moerel, L. & Corien, C.(2016.5.25.). Privacy for the Homo Digitalis: Proposal for a New Regulatory Framework for Data Protection in the Light of Big Data and the Internet of Things. http://dx.doi.org/10.2139/ssrn.2784123

Oxford University Press. Researchers and AI, Survey Findings. https://fdslive.oup.com/www.oup.com/academic/pdf/Researchers-and-AI-survey-findings.pdf

10
AI 발전과 미래의 연구자 역할

이 장에서는 AI 기술 발전이 연구 환경에 미치는 영향을 탐구한다. 'AI 과학자(The AI Scientist)'와 같은 자동화 시스템의 등장으로 인한 연구의 민주화와 가속화 가능성을 논의하고, 미래 연구자의 역할이 '감독'과 '프로젝트 매니저'로 변화할 것을 예측한다. AI 시대의 학문적 독창성에 대한 새로운 고찰의 필요성을 제기하며, AI와 인간 연구자의 협력 모델과 그에 따른 윤리적 문제를 다룬다. 또한 AI가 학문 발전에 미칠 혁명적 영향을 조망한다.

종교와 AI?

AI 발전에 따른 연구 패러다임의 변화

인공지능 기술의 급속한 발전은 연구 환경을 근본적으로 변화시키고 있다. 최근 주목받고 있는 유니콘 AI 기업 사카나 AI(Sakana AI)의 'AI 과학자(The AI Scientist)' 프로젝트를 통하여 미래 연구 패러다임의 변화를 예상할 수 있다. 'AI 과학자'는 완전히 자동화된 연구 시스템으로, 대규모 언어 모델(LLM)을 활용하여 독립적으로 연구를 수행할 수 있다.

이 시스템은 연구의 전 과정을 자동화하여 수행한다. 새로운 연구 아이디어 생성부터 필요한 코드 작성, 실험 실행, 실험 결과 요약 및 시각화, 논문 작성까지 모든 단계를 AI가 독립적으로 수행한다. 더 나아가 'AI 과학자'는 자동화된 동료 평가 과정까지 포함하고 있어, 생성된 논문을 평가하고 피드백을 제공하며 결과를 개선할 수 있다. 이 평가 과정은 거의 인간 수준의 정확도를 갖추었다고 한다.

'AI 과학자'의 가장 혁신적인 특징 중 하나는 이전의 아이디어와 피드백을 활용하여 다음 세대의 아이디어를 개선하는 연속적인 반복 연구가 가능하다는 것이다. 이는 인간 과학 커뮤니티의 작동 방식을 모방한 것으로, 학계의 지식의 축적과 발전을 자동화된 방식으로 구현한 것이다.

특히 주목할 만한 점은 'AI 과학자'의 놀라운 비용 효율성이다. 각 아이디어는 약 15달러의 비용으로 전체 논문으로 구현되고 개발된다. 현재 버전에서는 여전히 가끔 결함이 있는 논문이 생성되기도 하지만, 'AI 과학자'가 연구를 민주화하고 과학적 진보를 크게 가속할 수 있는 잠재력을 엿볼 수 있다.

향후 AI 시스템의 성능이 향상되고 비용이 더욱 낮아진다면, 동시에 진행될 수 있는 연구의 수가 폭발적으로 증가할 것이다. 이는 인류의 지식 확장 속도를 올릴 수 있는 특이점이 될 수 있다.

또한, 연구의 민주화가 급격히 진행될 가능성이 높다. 개인이 AI를 활용해 과거에 그룹으로 진행해야 했던 대규모 연구를 수행할 수 있게 될 것이다. 이는 특히 자원이 부족한 지역의 연구자들이나 독립 연구자들에게 큰 혜택이 될 수 있다.

연구의 범위와 깊이도 확장될 가능성이 있다. AI는 인간이 쉽게 파악하기 어려운 복잡한 패턴을 발견하고, 여러 분야의 지식을 창의적으로 결합할 수 있다. 이는 기존의 학문 경계를 넘어서는 새로운 연구 결과로 이어질 수 있다. 예를 들어 서로 다른 분야의 지식을 결합한 새로운 학제 간 연구가 AI에 의해 제안될 수 있을 것이다.

'AI 과학자'와 같은 기술의 발전은 연구자의 본질적인 역할을 변화시킬 잠재력을 가지고 있다. 앞으로의 연구는 인간과 AI의 협력을 통해 이루어지는 새로운 형태의 지적 활동으로 발전할 가능성이 높다. 이러한 변화 속에서 우리는 연구자의 역할, 연구 윤리, 지식의 소유권 등에 대한 새로운 패러다임을 정립해야 할 것이다.

미래 연구자의 역할 재정의: 디렉터와 프로젝트 매니저로서의 연구자

인공지능 기술의 발전으로 연구 환경이 급격히 변화함에 따라, 미래의 연구자들은 그들의 역할을 재정의해야 할 필요성에 직면하고 있다. 특히 챗데브(ChatDev)와 같은 AI 주도 소프트웨어 개발 프레임워크를 통하여 미래 연구자의 역할 변화를 상상할 수 있다.

챗데브는 대규모 언어 모델(LLM)을 기반으로 한 특수 에이전트들이 설계, 코딩, 검증 단계에서 서로 자연어를 통해 소통하며, 반복적인 대화를 통해 해결책을 도출하는 시스템이다. 이러한 시스템의 등장은 미래 연구 프로세스의 자동화와 AI 에이전트 간 협업의 가능성을 보여준다.

이러한 변화 속에서 미래의 연구자는 크게 두 가지 역할, 즉 '감독'과 '프로젝트 매니저(PM)'로서의 역할을 수행하게 될 것으로 예상된다.

첫째, 감독으로서의 연구자는 연구의 큰 그림을 그리는 역할을 담당하게 될 것이다. 이는 다음과 같은 책임을 포함한다.

1. 연구 방향 설정: AI가 세부적인 실험이나 분석을 수행할 수 있더라도, 전체적인 연구 방향을 설정하는 것은 여전히 인간 연구자의 몫이다. 연구자는 해당 분야의 현재 상황을 이해하고, 중요한 문제를 식별하며, 혁신적인 연구 주제를 제안해야 한다.

2. AI 시스템 설계 및 관리: 연구자는 자신의 연구 목적에 맞는 AI 시스템을 설계하고 관리해야 한다. 이는 적절한 AI 모델의 선택, 학습 데이터의 준비, AI 시스템의 성능을 모니터링하고 개선하는 작업을 포함한다.

3. 결과 해석 및 의미 부여: AI가 생성한 결과물을 비판적으로 평가하고, 그 의미를 해석하며, 더 큰 맥락에서 결과의 중요성을 파악하는 것은 인간 연구자의 중요한 역할이 될 것이다.

둘째, 프로젝트 매니저(PM)로서의 연구자는 아래와 같이 다양한 AI 에이전트들과 인간 참여자들 사이의 조정 역할을 담당하게 될 것이다.

1. AI 에이전트 간 역할 분담 및 조정: 챗데브와 같은 시스템에서 볼 수 있듯이, 다양한 AI 에이전트들이 연구 프로세스에 참여하게 될 것이다. 연구자는 이들 에이전트의 역할을 정의하고, 그들 사이의 상호작용을 조정해야 한다.

2. 연구 프로젝트의 전반적인 관리: 연구자는 프로젝트의 일정을 관리하고, 자원을 할당하며, 진행 상황을 모니터링하는 등 전반적인 프로젝트 관리 역할을 수행해야 한다.

3. 인간-AI 협업 촉진: 연구자는 인간 팀원들과 AI 시스템 사이의 효과적인 협업을 촉진해야 한다. 이는 AI 시스템의 능력과 한계를 팀원들에게 명확히 설명하고, AI 결과물을 인간이 이해하기 쉬운 형태로 전달하는 것을 포함한다.

더 나아가, 일부 연구 프로젝트에서는 AI 시스템이 프로젝트 매니저 역할의 일부를 수행할 수 있을 것이다. 예를 들어 AI가 프로젝트 일정을 최적화하거나, 자원 할당을 제안하거나, 심지어 팀원들의 성과를 모니터링하고 피드백을 제공할 수 있다. 이 경우 인간 연구자는 AI 프로젝트 매니저와 협력하여 프로젝트를 관리하는 메타-

PM 역할을 수행하게 될 것이다.

이러한 역할 변화에 따라 미래의 연구자에게는 리더로서 AI를 효과적으로 관리하는 능력이 필요하게 될 것이다. 이는 AI 시스템을 효과적으로 활용하는 능력, 복잡한 시스템을 관리하는 능력, 다양한 분야의 지식을 통합하는 능력, AI와 인간의 강점을 결합하여 창의적인 해결책을 도출하는 능력 등을 요구하게 될 것이다.

학문의 독창성에 대한 고찰

AI 기술의 발전은 학문 분야에서 '독창성'과 '표절'의 개념에 대한 새로운 고찰을 요구하고 있다. 생성형 AI가 방대한 데이터를 학습하고 이를 바탕으로 새로운 내용을 생성하는 현 상황에서, 전통적인 의미의 독창성과 표절 개념을 그대로 적용하기 어려운 사례들이 늘어나고 있다.

이러한 변화는 학계에 새로운 숙제를 제시한다. 일부 연구자들은 AI의 활용을 더욱 적극적으로 인정하고, 그 결과물을 학문적 성과로 수용해야 한다고 주장한다. 이는 '지식의 공유와 발전'이라는 학문의 본질적 목적에 부합할 수 있다는 견해다. AI를 통해 지식 생성과 공유의 효율성을 높일 수 있다면, 이를 학문 발전의 새로운 동력으로 삼을 수 있다는 것이다.

이러한 맥락에서, AI와 인간 연구자의 협력 모델에 대한 논의가 활발해지고 있다. 예를 들어 AI가 제공한 초안을 바탕으로 연구자가 자신의 통찰력과 경험을 더해 논문을 완성하는 방식이 제안되고 있다. 이 경우 AI의 기여를 명확히 밝히고, 연구자의 역할을 투명하게 제시하는 것이 중요하다. 또, AI가 제시한 아이디어나 가설을 인간 연구자가 검증하고 발전시키는 새로운 연구 방법론도 고려될 수 있다.

그러나 이러한 접근에는 여전히 많은 과제가 남아 있다. 인간 연구자의 고유한 역할과 가치를 어떻게 정립할 것인지, AI의 활용이 인간의 창의성과 비판적 사고 능력에 미칠 영향은 무엇인지 등에 대한 심도 있는 논의가 필요하다.

결국 생성형 AI 시대의 학술 연구와 윤리 문제는 '기술 발전과 인간 가치 사이의 균형을 어떻게 맞출 것인가'의 문제로 귀결된다. AI의 잠재력을 최대한 활용하면서도, 동시에 인간 연구자의 고유한 가치와 학문의 진실성을 지켜 나가는 방안을 모색해야 한다. 이를 위해서는 학계, 기술 개발자, 정책 입안자들 간의 지속적인 대화와 협력이 필수다.

AI는 학문 전체에 혁명적인 발전을 일으킬 가능성이 있다. 이미 AI는 수십 년 동안 해결되지 않았던 수학적 문제들을 해결하는 데 기여하고 있다. 예를 들어, 딥마인드(DeepMind)의 AI 시스템은 매듭 이론과 표현론 분야에서 새로운 패턴을 발견했으며, 이는 수학자들에게 새로운 통찰을 제공했다.

이러한 추세가 계속된다면, 머지않은 미래에 AI를 활용한 수학자가 필즈상을 수상하는 날이 올 수도 있다고 생각한다. AI를 활용한 수학자의 필즈상 수상 가능성은 단순히 수학계의 변화만을 의미하지 않는다. 이는 AI가 인간의 지적 활동의 정점으로 여겨지는 영역에서도 중요한 역할을 할 수 있음을 보여 주는 상징적인 사건이 될 것이다.

AI는 연구의 지평을 넓히고 인간의 지적 능력을 확장하는 강력한 도구가 되고 있다. 미래의 연구자들은 AI와의 협업을 통해 인류 지식의 새로운 장을 열어 갈 것이다.

참고문헌

Binns, R.(2018). Fairness in Machine Learning: Lessons from Political Philosophy. *Proceedings of Machine Learning*

Research, 81, pp.149–159.

ChatDev. Personalize your AI Town and build your GPTs with PromptIDE, https://chatdev.toscl.com

Kaminski, M. E. & Malgieri, G.(2021). Algorithmic impact assessments under the GDPR: Producing multi-layered explanations. *International Data Privacy Law*, 11(2), pp.125–145.

Mittelstadt, B., et al.(2016). The ethics of algorithms: Mapping the debate. *Big Data & Society*, 3(2), pp.1–21.

Sakana AI(2024) Towards Fully Automated Open-Ended Scientific Discovery, https://sakana.ai/ai-scientist/

유용균

한국원자력연구원 책임연구원, 인공지능응용연구실장이다. 카이스트(KAIST) 기계공학과에서 바이올린의 위상 최적 설계 주제로 박사학위를 받았다(2010). 카이스트 모바일하버사업단의 연구교수, 팀장으로 재직하면서 크레인 제어 소프트웨어를 개발하였다(2010~2012). 한국원자력연구원에서는 소형원자로의 해석 및 설계 업무를 담당하다가, 알파고 이후로 독학으로 인공지능을 공부하여 세계 최초로 인공지능 기반 위상 최적 설계 논문을 출간하였다. 현재 인공지능 커뮤니티/사단법인 AI프렌즈의 대표를 맡고 있다(2019~). 또한 과학기술연합대학원대학교(UST) 인공지능전공 전임교원(2023~), 엔비디아(Nvidia) 앰배서더(2021~), 대한기계학회 인공지능머신연구회 이사(2020~)로도 활동하고 있다. 주요 논문으로 "바이올린 브릿지의 위상 최적설계"(2013), "딥러닝을 활용한 위상 최적설계"(2018) 등이 있으며 18편의 SCI 논문을 게재했다. 과기정통부 주최 인공지능그랜드챌린지 5차 대회에 원자력연구원-젠티 연합팀의 대표로 참가하여 2021년도 우승 및 장관상을 수상하였다.